從臺車到巴士

百年臺灣地方交通演進史

陳家豪 著

目次

推薦文

「本書作者陳家豪博士為近年臺灣學術界栽培、熟悉並有足夠能力運用中英日史料的少數新起之秀，尤其對於臺灣現存眾多日文研究資源，陳博士優越的判讀與運用能力，使得本書內容極為豐富與扎實。此書的完成及出版，除意味臺灣史研究已然進入世代傳承的階段，亦明確標示出新的臺灣經濟史研究不能再以政權交替作機械性的時期區分，必須依研究課題論述之所需，進行跨越政權交替的貫時性研究。儘管此研究取徑具有相當程度的挑戰性與難度，但是卻更能貼近史實，進行更立體及深度的論述，本書在這方面的展現值得肯定。另外，近年臺灣史在研究方法上，跨領域的整合亦成為研究主流之一，陳博士這本書結合歷史學及經濟學（包括會計學、管理學）的觀點及理論，將爬梳自浩瀚如海的史料、資料群的各種紀錄與史實，以平易好讀的文字，理路清晰地鋪陳論說，應可說是近年臺灣史著作在這方面的佳作，值得稱許與推薦。」

——黃紹恆

國立交通大學客家文化學院教授兼院長

「本書作者在博士班階段以來的豐富國際經驗洗禮，使其研究總是能立足臺灣、放眼東亞，一再突破既有研究框架，提供給臺灣史學界新的視野與觀點。因此，這本書的書寫風格，雖然完全與作者過去學術發表完全不同，沒有一大堆學理分析、文獻批判與統計圖表，讀者仍然可以透過平易近人的筆觸，了解到作者長年投入相關領域的深厚底蘊。」

——薛化元

國立交通大學客家文化學院教授兼院長

財團法人二二八事件基金會董事長

推薦序

蔡龍保（國立臺北大學歷史學系教授兼教務長）

臺灣近代交通的發展，若仔細觀察其由傳統到現代的歷程，內涵十分豐富、有趣，且頗具啟發。轎子、牛馬車、人力車、輕便鐵道、鐵道、汽車、船運所扮演的角色，各自有其時代之意義與重要性，交通工具的演進與發展，不斷改變臺灣社會的面貌。提到交通，多數人會先想到鐵道；言及鐵道，第一個會想到的大概是劉銘傳。然而，從清代以迄今的鐵道史發展過程中，存在著更多重要的國內外人物、本土與國際的重要課題、具深刻意涵的重大事件，有待我們深入發掘、理解，更遑論包含多元要素的交通體系，誠可謂是待開發之寶庫。本書作者陳家豪博士，有其企圖心，希望此一科普性質的書籍能成為理解臺灣交通發展史之指引。

十五至十七世紀的大航海時代，已顯出人類的不安分與冒險精神，臺灣也因荷蘭的殖民而被帶入世界貿易體系。日治時期，各項傳統交通歷經舊瓶新酒的改革，加上政府引導下新式交通的快速發展，一九三〇年代各交通機關間的島內外聯運已趨於成熟，對於移民墾殖的推進、人口市鎮的發展、新舊產業的振興、近代社會生活的形塑、臺灣人近代觀的普及，皆扮演重要的推手角色，甚至促進臺灣人認同觀念的形成。一九九一年，南迴鐵路完工，環島鐵路的夢想終告實現。二〇〇七年，臺灣高鐵正式營運，帶來新一波的空間革命。隨著一波波的交通革命與網路時代的發展，全球化程度不斷深化，時代巨輪轉速加快。當我們回顧交通史的發展時，是否也能更增添一分現代人的宏觀視野，是我個人對本書的期待。

作者陳家豪博士，是國內少數碩士論文、博士論文皆以交通史為主題的研究者。取得博士學位之後仍勤於筆耕，在交通史、企業史的研究上屢有開創性的佳作，除了博士論文通過學術審查出版成專書之外，還持續投稿於《臺灣史研究》、《臺灣學研究》、《臺灣文獻》、《經濟論文叢刊》、《經營史學》等國外優良期刊，成果豐碩，質量均佳，誠為年輕一輩之優秀研究者。科普性質的書籍，若奠基於紮實的學術研究，則更加彌足珍貴，本書即是一例。

作者在書中展現其對史料的熟稔，柔軟地帶入一般人覺得艱澀的一手資料，置入在海內外蒐羅的珍貴圖片或該時代的新聞、雜誌，使讀者貼近並感受時代氛圍；作者必然與龍風鳳舞的檔案文書字體以及龐大統計數字，鏖戰過許多夜晚。作者刻意安排的清楚小方塊內容與表格，則讓讀者能輕易地掌握重點，細細品味。舉例來說，這本書經常提到不同時代的交通政策論爭，讓讀者知道臺灣交通發展過程，除了真正獲致實現的建設之外，其實還有不少其他選項遭到割愛，這時候作者會透過簡單的圖表，讓人很快掌握到不同方案的差異性，再搭配小方塊訴說當下時空背景。

另一方面，作者雖然以淺顯易懂的方式呈現，但由於其適當地擴大觸角，用心地提出多元且具新意的課題，對於初入門的研究者而言，也提示了許多能進一步深入探究的課題；諸如，作者嘗試進行戰前臺灣與朝鮮的殖民地比較、戰後東亞四小龍的比較；日治初期臺北市區電車計畫與現今臺北捷運系統之間，如何隱約存在歷史連續性；縱貫鐵道臺北市區路段對於交通的阻礙，如何成為跨政權主政者必須共同面對的問題等，都是很好的例子；至於作者勾勒出戰後臺灣交通發展的種種議題，也是臺灣交通史研究需要填補的空白。

歷史學的特色之一，就是擅長將課題拉長時間來觀察，會看出問題的不同面向、變化甚至韻味。陳博士的《從臺車到巴士》一書，值得細讀與玩味。本人忝為交通史研究之同好，不揣疏漏，推薦本書給大家。

推薦序

洪致文（國立臺灣師範大學地理系教授、國家鐵道博物館籌備處主任）

我們美麗的寶島臺灣，過去曾經是布滿密密麻麻各種不同類型鐵道系統的「鐵道王國」，不論是在臺鐵路線上奔馳的黑頭仔、甘蔗田裡行駛的糖鐵五分車、蓊鬱山林間穿梭的林鐵、深入到地底的礦鐵、延伸到濱海處的鹽鐵、構建海陸連結的濱海臨港線、既載貨也載客的輕便臺車，對於年紀稍長的臺灣人來說，都是再熟悉不過的事物；而縱貫鐵道搭配地方鐵道的佈局，也是臺灣在日本殖民統治時代的陸上交通主要手段，這樣的情況持續到戰後一段時間後，地方鐵道才在公路運輸全面發展的前提之下，快速在臺灣各個角落消失。

雖然這些交通的印象與記憶是民眾難忘的回憶，但臺灣交通發展的起點是什麼時候？經歷怎麼樣的曲折過程而走到今天？鐵道與公路之間的角力，如何持續在不同時期陸上交通建設方案之中一再上演？《從臺車到巴士》一書，將會帶著我們一起思考以上問題。

我與本書作者陳家豪的相識在二〇一二年，那年秋冬之際，我前往日本東京的防衛省防衛研究所史料閱覽室查找資料，當時就讀於政大臺史所博士班的作者，正以交換學生身分在東京大學上課，我透過友人尋求作者協助調閱檔案。藉此機緣，我知道作者當時正在以交通史為題撰寫博士論文，並且慢慢認識到作者在相關領域的研究歷程。

本書作者相當熟稔於海內外的相關檔案文獻，特別是戰前日文史料，因此這本歷史普及書籍的撰寫，是以作者扎實的學術能力為基礎，大家會在書中意外發現到外交檔案、政治檔案、議會檔案的身影；這種類型的檔案，大概是很難與這本書的主題聯想在一起，可是作者會巧妙加以運用，挖掘出更多令人感到驚喜的鐵道史或者交通史。

　　這本書主要內容圍繞在日本時代，並且往清代以及戰後延伸。如同書名，本書的主角是臺灣地方交通工具，但作者並非單調地將不同交通工具獨立開來討論，而是從人類交通文明史的宏觀視野，對於其源起進行考察，因此讀者不僅會透過本書發現到許多過去鮮為人知的歷史篇章，還得以有脈絡地認識到不同交通工具的地位以及屬性，以及從傳統到現代的演進歷程。而更特別的是，作者在這本書的許多段落，還特別將臺灣與周邊地區進行比較，不僅再次展現本書宏觀視野之處，亦會讓人在閱讀之餘，感到更加津津有味。

　　這本書的另一大特色是適度讓一些歷史人物串場，例如林獻堂父子就是一個例子，約莫百年以前，他們已經在英國倫敦搭乘過地鐵，有一次因人潮擁擠，還差點與兒子們分隔於車廂內外——這樣的有趣歷史場景，只有《從臺車到巴士》一書才會告訴我們。其他有如讓一代哲人胡適父親的登場，讓讀者認識到轎子是多麼奢侈的交通工具；讓英國旅行家歐文．魯特（Edward Owen Rutter）登場，「再現」輕便臺車的搭乘經驗；讓臺灣五大家族的板橋林家出現，一窺臺灣人如何將現代交通經驗反饋到自己原鄉，這些都是非常有趣的安排。

　　總而言之，這本《從臺車到巴士》的出版，不僅會豐富臺灣史、交通史、鐵道史、公路史的相關知識，時值臺灣鐵道文化資產以及相關交通產業遺產日益受到重視的當下，更能讓社會大眾藉由本書的閱讀，重新拾回那些散落在臺灣各處、正在消失的地方交通記憶，進而促進更多相關文資與遺產的更積極保存。

推薦序

——李為楨（國立政治大學臺灣史研究所副教授兼所長）

這本書原本是家豪設定為博士論文改寫、專為介紹臺灣百餘年來大眾運輸交通工具演變的科普書籍，介紹人力輕便鐵道、鐵道、電車、汽車。然而，有別於著重交通工具的圖鑑，本書更結合了臺灣自清末以來的社會經濟、城鄉發展，介紹出各時代主流大眾運輸系統的演變脈絡。雖說是博士論文的改寫，但也如家豪所說，實際上完全不同於博士論文，卻是重寫了。

本書的特點，在於對人力輕便鐵道這項運輸系統的介紹。生活在現代的我們，日常生活的大眾運輸工具離不開公車、鐵道、高鐵、捷運等等。曾經是臺灣大眾運輸工具主要角色之一的人力輕便鐵道，早成為歷史博物館或風景園區中展示的一景。風景遊樂區中，只要有這樣的裝置，總是能吸引家長與小朋友玩耍嚐新，而這卻是阿公阿嬤津津樂道的懷舊。我也是透過指導家豪博士論文的過程，重新認識人力輕便鐵道這個產業。

家豪在撰寫博士論文時，一開始我總是會疑問人力輕便鐵道是什麼？為何家豪選擇人力輕便鐵道的發展做為研究對象。臺車（或稱輕便車、手押車），一般是做為運送礦物、貨物的工具可以理解，但研究由臺車演變的人力輕便鐵道的臺灣經濟史意義在哪裡。然而透過家豪的爬梳與研究，明瞭了原本僅為了方便運送貨物的運輸工具，在日治臺灣特殊的歷史脈絡下，臺車結合簡易的軌道一變而成為地方經濟的聯絡渠道，不僅載貨也演變成兼具載客的功能。人力輕便鐵道，容易把重點誤放在鐵道二字，而誤以為其與縱貫鐵道一樣，實際上它的運輸動力是依靠人力，簡易輕便的設施遠比不上縱貫鐵道的重裝。這樣的「半近代大眾交通工具」，鋪設經費相較於縱貫鐵道便宜且簡便，可快速鋪設完成，也很適應崎嶇地形，缺點是危險容易故障，但卻成為日治前半期某些地方交通的主流（甚至二戰後到一九五○年代有些地方仍以此為交通運輸工具）。當初承領日本軍用人力輕便鐵道的本地地主資本，開始經營民營人力輕便鐵道業，而後隨著公路發展繼而轉變為公共汽車業，一直延續到二戰結束後。其演變與發展可說正是反映了臺灣產業經濟發展上的特點：本地資本對政府政策總能非常彈性且迅速的應變，創造自己最佳的發展機會。這可說是人力輕便鐵道產業的研究意義所在，即為日治時期這個特殊的歷史脈絡下，臺灣本地地主資本或商業資本如何藉此過渡到近代產業資本的過程。這是家豪博士論文的貢獻。而在本書，則用了很多老照片、新聞報導回答了我當初的問題，人力輕便鐵道是什麼？相信讀完本書的讀者，再到風景遊樂園看到這個裝置時，當會不再是「嚐新」，而是知所以了。

本書除了對人力輕便鐵道系統詳加介紹外，並蒐集了相當多的資料介紹臺灣各種大眾運輸系統的脈絡，使讀者可更加親近臺灣經濟史。很開心家豪出版這本書，也期望諸位先進前輩不吝給予關心與意見。

作者序

生產過程：從「改寫」到「重寫」

這本書的寫作緣起於二〇一四年服替代役的時候，國立交通大學黃紹恆老師向讀書共和國龍傑娣總編輯推薦筆者的博士論文。

不過，若稍微比對筆者的博士論文與這本書的內容，將會發現是兩回事。

筆者的博士論文以及後來改寫出版的專書，雖然是以交通業為中心，核心關懷焦點是臺灣中小企業的歷史源頭，等於是經濟史．企業史的產品，但未花費太多篇幅書寫一般人認為有趣的「臺灣地方交通工具演進史」，如果只是將與書寫交通工具發展與特徵的有限篇幅抽出，也不足以支撐一本書的架構，即使可能只是一本歷史普及書籍。

與龍總編輯多次溝通、討論之後，筆者決定拋開博士論文的框架，朝著重新寫一本新書的方向努力，而導致這本書的出版進度比預期緩慢許多。

另一方面，這本書最初的設定是只寫日本殖民統治時期，可是隨著近年經常前往海外參加研討會、尋找相關素材，逐漸感覺到必須將更多交通工具拉進來一起討論，於是時間斷限往前延伸到清末、往後延伸到高鐵通車，而催生了書名副標題的「百年臺灣地方交通的演進史」。

從這本書可以讀到什麼？

目前坊間不乏鐵道史普及讀物，加以數位人文普及與臉書（facebook）等社群媒體發達，往昔交通工具的歷史經常在不同載體、網站轉貼。基於自身自幼並非「鐵道迷」、「汽車迷」、「飛機迷」，投入交通史研究其實是一場意外，因此在書寫過程中，受到這些資訊很大的啟發，隱約感受到一般大眾對於過往交通史的接觸與認識，常常流於片段，究竟百年臺灣地方交通發展的軌跡是什麼？這是筆者在書寫時，腦海裡始終揮之不去的大哉問。

從人類的交通文明史來看，原始交通工具依靠的是「人力」或獸力，姑且稱之為「傳統型個人交通工具」。「傳統型個人交通工具」受限於「動力」，通常速度緩慢、運載力有限，幾乎不具備穿越自然地理疆界的能力，因此有效運送距離短。基本上，「傳統型個人交通工具」的有效運送距離，與傳統社會生產、消費、人群互動的界線有所重疊。

十八世紀以降，工業革命催生了蒸汽火車與蒸汽輪船等「現代型大眾交通工具」，透過「機械動力」的強大能量，讓「長距離大量快速運輸」成為可能；然而，當人類從「傳統型個人交通工具」過渡到「現代型大眾交通工具」的過程，有一種「半近代大眾交通工具」曾經出現在同一時空達百年之久。

「半近代大眾交通工具」不算是嚴謹學術定義下的專有名詞，所謂「半近代」是介於「傳統」與「現代」之間。「傳統」的面向是指動力來源依舊仰賴人力或獸力，尚未跨越到機械動力領域，與「傳統型個人交通工具」並無二致。「現代」的面向是指：一、利用車輪、軌條輔助來減少減輕人力或獸力的負擔，可以更快速度運行、一口氣運送更多人或者貨物；二、搭配現代土木工法的造橋、打隧道等技術，克服自然地理疆界的限制；三、因為擁有更高運行速度與運載能力，具備向一般大眾開放的運輸能量。

基本上，是否存在向「大眾開放」、本質性區分了傳統個人交通工具和「半近代大眾交通工具」的不同？「半近代大眾交通工具」作為公共運輸（public transport）或大眾運輸（mass transit），伴隨而來的是行駛固定路線、按照時刻發車。

清末劉銘傳的鐵道建設，是這塊島嶼從「傳統型個人交通工具」過渡到「現代型大眾交通工具」的起點，「半近代大眾交通工具」也幾乎在同一時間登場。爾後經過約百年時間，臺灣的交通建設飛速發展，各級公路交織出完備道路系統、環島鐵道網、時速三百公里以上的高鐵等自不迨言，六大都會區的大眾軌道系統或鐵道地下化不是已經完成、就是正在興建當中，近期還有高鐵延伸到屏東、「蘇花改」、前瞻基礎軌道建設、市區環狀鐵道等議題，受到熱烈的討論；

下一個百年的臺灣交通，將會呈現出嶄新樣貌，應該可以期待。

然而，若逐一盤點現今為人所稱道、日常生活不可或缺的各項交通工具發展歷程，將會意外發現到，原來在五十年前或者更早以前，已經有頗為相似的交通方案獲得研議與討論，只是最終未獲主其事者青睞，因此拖延到近一、二十年。換句話說，如果重新將不同時代登場的交通工具或交通方案，擺在「長時段」的歷史系譜之中，再稍微挖掘出彼此間的「繼承」關係，應該有助於我們反思一下，百年來臺灣地方交通工具的性格與特徵？不同時代真正登場的交通工具，雀屏中選的原因是什麼？這些真正登場的交通工具是否能夠配合不同階段臺灣社會經濟發展之所需？

這本書雖為歷史普及讀物，但以上思索將成為貫穿各個篇章的內在軸線，也會流露於字裡行間。

書中依序登場的地方交通工具包括：人的雙腳、轎子、牛車、人力車、馬車、馬車鐵道、人力輕便鐵道、市區電車、蒸氣鐵道、汽車、地下鐵、捷運、高鐵，時而提供簡單學理的介紹、時而提供一些海外相關事例、時而展開跨時空的想像，期盼能與大家一起探索百年臺灣地方交通發展的軌跡。

臺灣縣
右營
臺灣
城隍廟
紅毛樓
道標界
娘媽宮
大井頭
新街頭
臺厦道
寧南坊
文廟
右營界
新街口
山川臺
大崗山
長治里
七崑身
六崑身
五崑身
四崑身
三崑身
二崑身
一崑身

chapter 1

第一章 傳統型個人交通工具

最主要的交通方式：雙腳

美國城市史學者華納（Sam Bass Warner）指出：前近代城市是「步行城市」。套用這樣的概念，我們可以說清代臺灣是「步行社會」，先民最主要的交通工具毋寧是人的雙腳：徒步下田、辦公（通常是到衙門興訟）、訪友、通學（去私塾）、旅行等。至於挑水、挑柴、挑運種子、挑運米穀、挑選貨物等，雖然加上了上半身的力量，但「移動」仍靠徒步。

清代臺灣米穀的運輸

米穀的生產和出口與清代臺灣社會息息相關。這項商品如何被運輸？在米穀主要產地的彰化、鹿港一帶，存在著一種兼業型米穀運輸業者——米販，每當新米收穫期，數百位米販便接連成一個隊伍以便運輸。

雖然臺灣中部以南的米穀運輸會加入牛車這項交通工具，但仍以人力肩挑為主。此外，若靠近河川則會利用舟楫之便；其中，中部的大肚溪與北斗溪經常被使用，北部僅有淡水河及其三大支流，南部雖溪流眾多，但米穀產量不高，最主要的屏東平原一帶會使用高屏溪。

每天成人步行的最大範圍，很容易構成一日市場圈或生活圈的範圍。

除了徒步與人力肩挑之外，清代臺灣還出現了轎子這種「客運業」與牛車這種「貨運業」；先民運用簡單的槓桿原理外加動物力，稍微提升了舒適度與運載能力。

東亞社會與轎子

轎子又稱輿、肩輿、抬椅、滑竿，英文稱為 Palanquin, Sedan Chair 或 Litter，日文則稱為「駕籠」（カゴ，Kago）。

這項交通工具的歷史悠久。在東亞社會，有很長一段時間，轎子是最高級的陸上交通工具，即使在近代交通工具已經導入東亞的二十世紀，我們仍然可以在中國、香港乃至臺灣看到其身影；特別是在地勢比較崎嶇、陡峭的地區，由於鐵路和汽車不易進入，轎子的使用比想像中來得久遠。

各地區轎子的形制與樣式不盡相同，或者說基於乘坐者的「身分尊卑」而有差異。如果是高級官員、貴族或富商大賈乘坐，必然會高級一些，舒適一些或寬敞一些，普通平民百姓可能是以木竹簡單拼湊。通常來說，不論那一種轎子，分別由二到八人來抬，後方的轎夫看不到路，因此都是由較有經驗者負責導引方向，而他們只能依賴兩肩所承受的重量與壓力，來調整步伐和改變方向。

臺灣的轎子大約是在漢人入臺時引進的，為了配合臺灣的地形地物而顯現出「輕巧簡易」的一面。

到鹿港旅行，「摸乳巷」是必訪之地。「摸乳巷」的稱呼固然不雅，但我們卻可藉此回想彼時鹿港街屋毗鄰、巷弄狹小的景象。

巷弄狹小是鹿港的專利嗎？從清代文獻裡，可知當時臺灣街道的寬度通常在一到兩公尺之間。街道兩側還會有攤販或商民擺放物品，實際能行走的空間約只剩一公尺。難怪十八世紀末，法國人黎列文（Imbault-Huart）到臺灣北部的淡水城時提到：「街道的寬度僅容兩人並肩而過。」由此可見清代臺灣街道之狹窄。

轎子的西方小趣聞

近代歐美也曾廣泛使用過轎子這項交通工具。當葡萄牙和西班牙航海家在南美洲與印度接觸到轎子這項交通工具後，便將其傳回歐洲，因此在十七世紀以前，西班牙、法國、英國、義大利半島乃至美國的街頭曾出現過轎子。

我們可以想像，這樣的道路寬度迫使臺灣的轎子不能太大，否則連通行都有困難。「八人大轎」是我們很常聽到的一句諺語，這是一種地位、身分的象徵，不過這種轎子在清代臺灣或許很難見到。

事實上，還有一件事情也限制了臺灣轎子的規模，也就是臺灣中部以北的淺山丘陵地形，當一頂轎子必須在山林原野顛簸，當然是設計得越輕巧越好。

臺北舊城門與轎子（一九二七）

這張明信片上面寫著：「轎子是今天尚在使用的交通工具之一，其為纏足婦人得以遠行的重要手段。」（轎は今尚用ゐられて居る交通機関の一つで纏足をした婦人の遠路にはなくではならぬものでした。）

豪華「轎」車

傳聞清代某位四川總督所用的轎子必須用十六人抬，轎子中有兩個小童子為他裝煙斟茶，還有冷熱點心數十種，供其隨時食用。與今天高級轎車備有冰箱、小酒吧，有異曲同工之妙。

清代臺灣最常使用的轎子是「顯轎」，這種轎子上下無蓋、中間只

胡適父親與臺灣轎

近代中國學術巨擘胡適的父親胡傳（胡鐵花），曾在一八九二年以「全臺營務處總巡委員」的身分來臺，留下了《臺灣日記》、《臺灣稟啟》兩部日記。

胡傳告訴我們，他搭乘轎子時需要轎夫五、六名，每名每日工資為四錢，等於一天需要花掉二到二．四兩。這有多貴呢？相當於胡傳一天的薪水，他當時月薪約七十二兩，即日薪二．四兩。胡傳因公出差，所以這筆錢當然是由全民買單。

有一張椅子，分別由二至四人來扛，主要由木頭或竹子編製而成；然而，竹子的韌性強，若乘坐竹轎，可能會一直感覺上下晃動。

牛車：清代貨運業

如果說轎子是清代臺灣最主要的客運業，那麼牛車便是最具代表性的貨運業。

在臺灣牛車又稱「板輪車」，英文為 oxcart 或 bullock cart。據說中國沒有臺灣牛車，盛傳是在荷蘭時代由東南亞引進臺灣。

臺灣的牛車形制是兩輪，由一頭牛牽曳（最多四頭），約可載四百公斤或乘坐三至四人。車輪則由三片木板拼成，直徑約一百五十到一百七十公分，相當於一個成人的身高。

為何輪子要做得這麼高呢？這是因為清代臺灣路況不佳，遇雨即泥

臺灣的牛車（圖片來源：《臺灣寫真帖》，1908）

濘不堪，這個高度才能使車輛不致被卡住。此外，臺灣西部平原河川、溪流眾多，當水位較低時，為了趕時間，牛車便可運用此一（高度）優勢，直接渡河。

日治時期甘蔗種植區使用的二輪牛車。因為車輪輪軸從未經過油脂潤滑，所以老遠便能聽見刺耳的吱吱聲，宣告這些載運甘蔗的牛車已經抵達。

當時臺灣西部的港口雖多，但大都有淤積的問題。船舶到達港口後，不僅需要竹筏接駁，當竹筏把人、貨運抵灘頭時，還需依賴牛車輪子較高的優勢直接拉到海灘載人和貨；海灘鬆軟，人在上面行走已相當不易，更遑論要拉動百公斤以上的貨物了。

大家耳熟能詳的郁永河，曾在康熙年間來臺考察硫磺生產的情況，而留下一本足供後人認識十七世紀臺灣樣貌的珍貴文字——《裨海記遊》。書中提到，當他從臺南安平港上岸時，有牛車直接拉到淺灘處接他，於是出現了一幅牛車在海水行走的畫面：「（一六九七年二月）二十五日，買小舟登岸，近岸水益淺，小舟復不進，易牛車，從淺水中牽挽達岸，詣臺邑二尹蔣君所下榻。」

郁永河似乎對這突如其來的景象感到相當震撼，還特別寫了一首詩來表達心境：「牛車千百，日行水中，曾無軌跡，其堅可知！」

水牛車行駛於海上（圖片來源：康熙臺灣輿圖，國立臺灣博物館典藏）

牛車與銀行貸款

在日治時期，牛車原是大稻埕商家最主要的貨物運輸工具，當汽車運輸興起後，日本殖民政府為了保護道路不被牛車的車輪破壞，不讓及其緩慢的行進影響速度交通的順暢性，而逐漸將牛車趕出道路。儘管如此，戰後臺灣各地還仍可輕易看到牛車的蹤跡，而且牛車也是一般農家最重要的「不動產」。

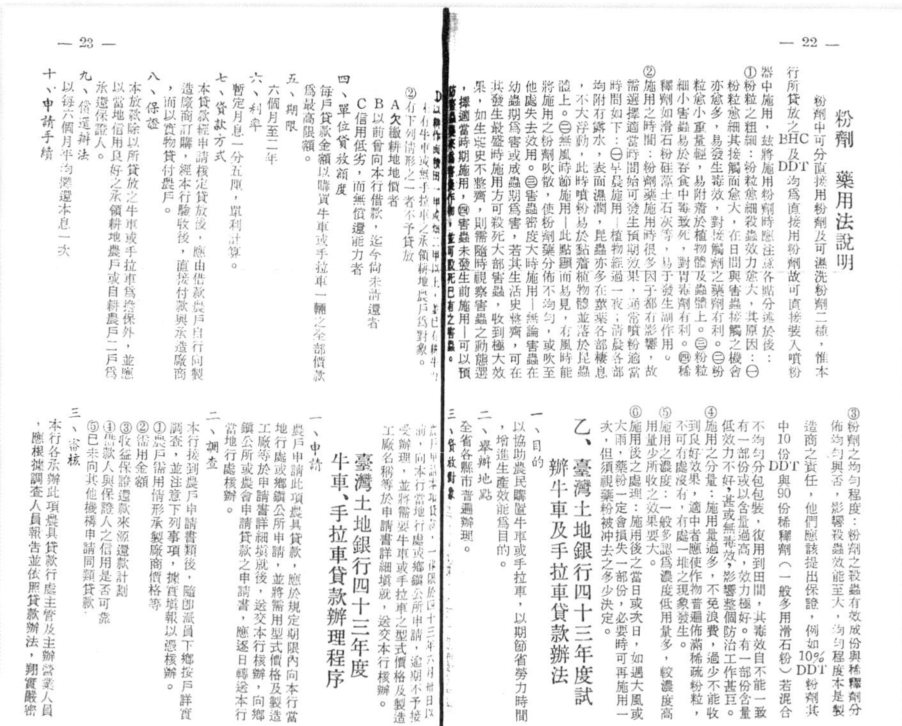
— 22 —

粉劑　藥用法說明

粉劑中可分直接用粉劑及可濕洗粉劑二種，惟本行所貸放之BHC及DDT均爲直接用粉劑故可直接裝入噴粉器中施用，茲將施用粉劑時應注意各點分述於後：

①粉粒之粗細：粉粒愈細殺蟲效力愈大，其原因：㊀粉粒愈細其接觸面愈大，在日間與害蟲接觸之機會亦愈多，易發生毒效，對接觸劑之藥劑有利。㊁粉粒愈小重量輕，易附着於植物體及蟲體上。㊂粉細小害蟲易於吞食中毒致死，對胃毒劑有利。㊃稀釋劑如滑石粉硅藻土石灰等，易于發生副作用。

②施用之時間：粉劑藥施用時很多因子都有影響，故需選擇適當時間始可發生預期效果，通常噴粉適當時間如下：㊀早晨施用－植物經過一夜；清晨各部均附有露水，表面濕潤，昆蟲亦多在葉莖各部棲息，不大浮動，此時噴粉易於黏着植物體並落於昆蟲體上。㊁無風時節施用－此點顯而易見，有風時能將施用之粉劑吹散，使粉劑藥分佈不均勻，或吹至他處失去效用。㊂害蟲密度大時施用－無論害蟲在幼蟲期爲害或成蟲期爲害，若其生活史整齊，可在其發生最盛時施用方可殺死大部害蟲，收到極大效果，如生活史不整齊，則需隨時視察害蟲之動態選擇適當時期施用，㊃害蟲未發生前施用－可以預防害蟲侵入[illegible]，並可殺死已有之害蟲。

③粉劑之均勻程度：粉劑之殺蟲有效成份與稀釋劑分佈均勻與否，影響殺蟲效能至大，均勻程度本是製造商之責任，他們應該提出保證，例如10% DDT粉劑其中10份DDT與90份稀釋劑（一般多用滑石粉）若混合不均勻分包包裝，復用到田間，其毒效自不能一致有一部份或以含量過高，效力極好。有一部份含量低效力不好，甚或無毒效，影響整個防治工作甚巨。

④施用之分量：施用量過多，不免浪費，過少不能收到良好效果，適中者應使作物普遍佈滿稀疏粉粒，不可有處沒有，有處一堆之現象發生。

⑤施用之濃度：一般多認爲濃度低用量多，較濃度高用量少所收之效果要大。

⑥施用後之處理：施用後之當日或次日，如遇大風或大雨，藥粉一定會損失一部份，必要時可再施用一次，但須視藥粉被沖去之多少決定。

乙、臺灣土地銀行四十三年度試辦牛車及手拉車貸款辦法

一、目的

以協助農民購置牛車或手拉車，以期節省勞力時間，增進生產效能爲目的。

二、舉辦地點

全省各縣市普遍辦理。

三、貸放對象 [illegible]

D以耕作爲[illegible]田一甲或[illegible]二甲以上，並已在耕牛[illegible]有牛車或無手拉車之承領耕地農戶爲對象。

②有下列情形之一者不予貸放

A欠繳耕地地價者

B以前曾向本行借款，迄今尚未清還者

C信用低劣，而無償還能力者

四、單位貸放額度

每戶貸款金額以購買牛車或手拉車一輛之全部價款爲最高限額。

五、期限

六個月至二年

六、利率

暫定月息一分五厘，單利計算。

七、貸款方式

本貸款經申請核定貸放後，應由借款農戶自行向製造廠商訂購，經本行驗收後，直接付款與承造廠商，而以貨物貸付農戶。

八、保證

本放款除以所貸放之牛車或手拉車爲擔保外，並應以當地信用良好之承領耕地農戶或自耕農戶二戶爲承還保證人。

九、償還辦法

以每六個月平均攤還本息一次

十、申請手續

農戶申請本項貸款，一律限於四十三年六月卅日以前，向本行當地行處或鄉鎮公所申請，逾期不予接受辦理，並將需要牛車或手拉車之型式價格及製造工廠名稱等於申請書詳細填就，送交本行核辦。

臺灣土地銀行四十三年度牛車、手拉車貸款辦理程序

一、申請

農戶申請此項農具貸款，應於規定期限內向本行當地行處或鄉鎮公所申請，並將需用型式價格及製造工廠等於申請書詳細填就後，送交本行核辦，向鄉鎮公所或農會申請貸款之申請書，應逐日轉送本行當地行處核辦。

二、調查

本行接到農戶申請書類後，隨即派員下鄉按戶詳實調查，並注意下列事項，據實填報以憑核辦。

①農戶需用情形承製廠商價格等

②需用金額

③收益保證還款來源還款計劃

④借款人與保證人之信用是否可靠

⑤已未向其他機構申請同類貸款

三、審核

本行各承辦此項農具貸款行處主管及主辦營業人員，應根據調查人員報告並依照貸款辦法，翔實嚴密

— 23 —

臺灣土地銀行牛車與手拉車貸款辦理說明（圖片來源：《臺灣土地金融季刊》）

chapter 2

第二章 半近代大眾交通工具：公共馬車、人力車

臺灣在什麼時候開始引進近代交通工具？一般人大都會想到劉銘傳或後藤新平的鐵道建設。

事實上，除了鐵道建設之外，清末以後臺灣引入了人力車、臺車等「半近代大眾交通工具」，同樣值得關注。與鐵道建設相較，這種半近代交通工具與一般民眾的生活的關係更為密切。

Omnibus

人類史上首次出現的大眾交通工具為一六六二年法國巴黎的公共馬車，當時稱為Omnibus，那時法國的統治者是號稱太陽王的路易十四（Louis XIV）。

這個公共馬車事業的發起人是布萊茲·帕斯卡（Blaise Pascal, 1623-1662），他是西歐啟蒙運動（Age of Enlightenment）時期知名的數學家、物理學家與哲學家。

布萊茲·帕斯卡在貴族友人的幫助下，向路易十四取得特許權，於是在一六六二年三月十八日開始營業。

帕斯卡希望公共馬車能成為人人都搭乘得起的交通工具，儘管結果未如其願，因為國王給予的營業特許狀中，明白記載一般百姓與士兵不准搭乘。

一六六二年八月十九日，帕斯卡英年早逝，於是巴黎公共馬車只存在二十年，就結束經營。

一九二〇年代前後，法國巴黎再度出現公共馬車的身影，是擁有銀行家與政治家雙重身分的雅克·拉菲特（Jacques Lafitte）所開設Omnibus公司（L'Entrepris des Omnibus）。

人類最初的公共馬車（圖片來源：東京日日新聞社，《世界交通文化發達史》，一九四〇）

在當時 Omnibus 頗受歡迎，法國各地如雨後春筍般地開設相同的企業，社會大眾都知道 Omnibus 這個詞彙，於是 Omnibus 成為法語的單字之一，即「向大眾開放」之意。

一般來說，如果提到英文 Bus 這個詞彙，都會和汽車這項工業革命的產物聯想在一起。

其實這個詞彙來自 Omnibus，當時巴黎人都習慣將 Omnibus 簡稱為 Bus。在汽車發明之前，這個詞彙曾一度成為西歐地區大眾運輸交通工具的名稱。

基本上，Omnibus 會公告運行路線與時刻表，此一運作體系可說是日後公共汽車等大眾交通工具的原型。

在十九世紀，這種起源於法國的公共馬車在世界各主要都市廣為流行。首先在一八二九年傳入英國倫敦，由原本法國公共馬車的製造商，英國人喬治．史利伯（George Shillibeer, 1797-1866）所經營。

英國因為工業革命而出現新興中產階層，他們不想和貧民混居，因此集中住在倫敦市郊一個稱作帕丁頓（Paddington）的地方。每天他們必須到市中心，這時雖可以依賴一種名為 Stagecoach 的私人馬車交通工具，但其索價高昂且以遠距離運送為主。

於是，喬治．史利伯看中商機，在倫敦市郊到英格蘭銀行（Bank of England）所在的市中心開闢一條公共馬車路線。

喬治．史利伯將巴黎公共馬車的經營方式完全在倫敦複製，連車輛上都繪製了 Omnibus 的字樣。

歐美的公共馬車在何時傳到東亞日本？目前沒有明確的時間，一般認為是在一八五九年前後。

在一八五九年前後，日本步入了和清帝國一樣的命運，在歐美帝國主義船堅炮利的威嚇之下，被迫開港通商，這裡指的是大家耳熟能詳的橫濱港。

日本最早的公共馬車是由外國人經營，共有四家業者。當時外國商人、外交人員與觀光客必須經常在時稱作「江戶」的東京與橫濱之間往來，而公共馬車正好可滿足這個需求。

在四家外國人經營的公共馬車業者中，究竟是誰最早設立？同樣地，這並不容易判斷，可能是在一八六七年左右。

最早由日本人經營的公共馬車是日本政府的「成駒屋」（ナリコマヤ，NARIKOMAYA），這等同於一家國營企業。

一八七一年，日本政府開辦了「成駒屋」這家企業，目的是為了東京與高崎之間約一一〇公里左右的公務郵件運送。緊接著在一八七二年，出現了專門提供一般旅客的東京公共馬車，也就是「東京乘合馬車會社」，營業路段是淺草雷門到新橋之間。

短暫存在的公共馬車

日本殖民統治臺灣後，將公共馬車輸入到殖民地。不過，基於臺灣不產馬，公共馬車被使用的範圍似乎相當有限。

一八九八年，日本人圓太郎所經營的臺北圓山公園到大稻埕的公共馬車，是臺灣最早一條以一般大眾運輸為目的的路線。後來，此一公共馬車路線範圍擴大到北投。

一九〇六年，臺北士林地區似乎也有人想仿造圓太郎而在當地經營公共馬車，但沒有下文。後來，臺灣西部主要市鎮都出現了公共馬車

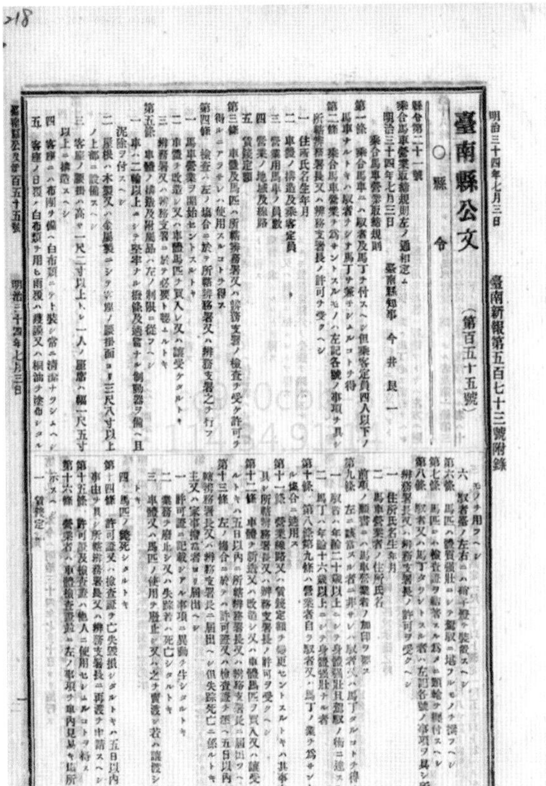

明治三十四年七月三日　臺南新報第五百七十三號附錄

臺南縣公文（第百五十五號）

○縣令

縣令第二十一號

乘合馬車營業取締規則左ノ通相定ム

明治三十四年七月三日　臺南縣知事　今井艮一

乘合馬車營業取締規則

第一條　乘合馬車ニハ馭者及馬丁ヲ付スヘシ但乘客定員四人以下ノ馬車ナルトキハ馭者ヲシテ馬丁ヲ兼ネシムルコトヲ得

第二條　乘合馬車營業ヲ爲サントスルモノハ左記各號ノ事項ヲ具シ所轄辨務署長又ハ辨務支署長ノ許可ヲ受クヘシ

一　住所氏名生年月
二　車體ノ構造及乘客定員
三　營業用馬車ノ員數
四　營業ノ地域及線路
五　賃錢定額

第三條　車體及馬匹ハ所轄辨務署又ハ辨務支署ノ檢査ヲ受ケ許可ヲ得ルニアラサレハ使用スルコトヲ得ス

第四條　檢査ハ左ノ場合ニ於テ所轄辨務署又ハ辨務支署之ヲ行フ

一　馬車營業ヲ開始セントスルトキ
二　車體ヲ改造シ又ハ車體馬匹ヲ買入レ又ハ讓受ケタルトキ
三　辨務署又ハ辨務支署ニ於テ必要ト認ムルトキ

第五條　車體ノ構造及附屬品ハ左ノ制限ニ從フヘシ

一　車ハ二輪以上ニシテ堅牢ナル鐵條及適當ナル制動器ヲ備ヘ且泥除ヲ付スヘシ
二　屋根ハ木製又ハ金屬製ニシテ客席ノ腰掛面ヨリ三尺八寸以上ノ上部ニ設備スヘシ
三　客席ノ腰掛ハ高サ一尺二寸以上トシ一人ノ座席ハ幅一尺五寸以上ニ構造スヘシ
四　客席ニハ布團ヲ備ヘ白布類ニテ裝シ常ニ清潔ナラシムヘシ
五　客座ノ日覆ハ白布類ヲ用ヒ雨覆ハ羅紗又ハ桐油ヲ塗布シタル

臺南縣公文第百五十五號　明治三十四年七月三日

1901 年臺南縣令發布「第 21 號乘合馬車營業取締規則」
（圖片來源：臺灣總督府公文類纂資料庫）

經營計畫，最為成功的是日人流水伊之助在一九二一年所創立的流水交通社。這家企業經營基隆車站到八尺門間的公共馬車，是當時基隆地區唯一的交通機關。

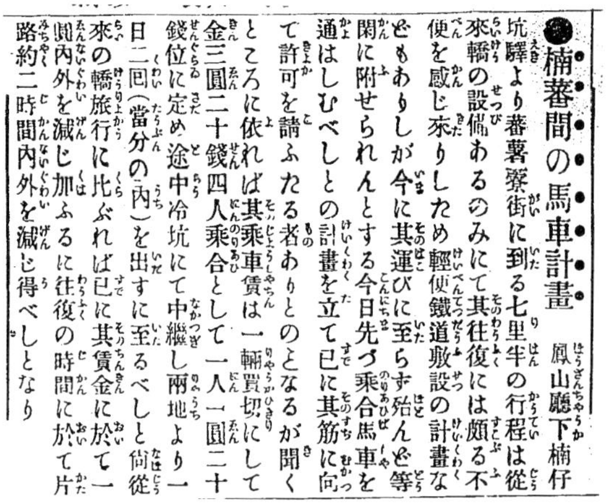
●楠蕃間の馬車計畫　鳳山廳下楠仔坑驛より蕃薯寮街に到る七里半の行程は從來轎の設備あるのみにて其往復には頗る不便を感じ來りしため輕便鐵道敷設の計畫などもありしが今に其運びに至らず殆んど等閑に附せられんとする今日先づ乘合馬車を通はしむべしとの計畫を立て已に其筋に向て許可を請ふたる者ありとのとなるが聞くところに依れば其乘車賃は一輛買切にして金三圓二十錢四人乘合として一人一圓二十錢位に定め途中冷坑にて中繼し兩地より一日二回(當分の內)を出すに至るべしと倘從來の轎旅行に比ぶれば已に其賃金に於て一圓內外を減じ加ふるに往復の時間に於て片路約二時間內外を減じ得べしとなり

一九〇七年屏東的公共馬車經營計畫。

《臺灣日日新報》在一九〇七年二月十九日第二版報導關於高雄市區公共馬車經營計畫的新聞，其中楠仔坑即今天的高雄楠梓，蕃仔寮即旗山，這條路線計畫連結今天縱貫鐵道高雄楠仔坑車站到旗山市區。

此外，臺南地區從日治初期開始，比較頻繁使用公共馬車於貨物運輸，大約有三十輛；臺南市役所還將其使用於灑水與郵件運送。

人力車：Rickshaw

清代中葉以後，近代化風氣悄悄吹到臺灣，這當然是指臺灣的開港通商。

臺灣人從這時開始才有機會接觸到近代事務，以交通工具而言，就是四大通商口岸的蒸汽輪船，以及劉銘傳的基隆新竹鐵道建設。

然而，除了這些之外，還有一項經常被遺忘的交通工具——人力車，這同樣是劉銘傳引進的。

人力車的發源地在日本。這個交通工具出現於明治維新時期，與日本的近代化有關，卻是典型的「和製新事物」，用來滿足日益增加的市鎮或都市人口移動之需求。

為何日本會出現這項交通工具？發明者是誰？對此眾說紛紜，目前大致有三種說法：

◇第一種說法：福澤諭吉從美國帶回來的「乳母車」，此一嬰兒車後來成為人力車發明者的重要線索。

◇第二種說法：日美籍傳教士喬納森．哥布爾（Jonathan Goble, 1827-1896）為了讓病弱妻子同行，而將童車改裝而成。

◇第三種說法：和泉要助、鈴木德次郎、高山幸助等人參考西方的公共馬車改良而成，在一八七〇年三月二十二日率先向東京府申請，而獲得人力車的營業和製造許可。

很快地，人力車在日本全國普及，一八七五年時已有十一萬四千輛。而在前一年，一八七六年日本

日治時期的人力車。在民國時期上海、北京等大都會，經常可見穿著高雅旗袍女性搭乘人力車外出社交的畫面，由這張照片可知殖民地臺灣也是如此，這個現象反映了女性意識的抬頭。（鄧南光，人力拉車與仕女，臺北，1940 年代，夏門攝影企劃研究室提供）

的人力車正式傳入中國上海；我們都知道，上海當地又將人力車稱為「黃包車」。

日本人力車同樣很快地傳入英國殖民地香港，想必和香港多山、崎嶇不平、道路狹窄等特殊地形有關。廣東話所謂的「車仔」亦稱「東洋車」，即是呼應其發源地。

一八八八年，劉銘傳從中國引進人力車到臺灣，達飛聲（James Wheeler Davidson, 1872-1933）這位外國人在一八九五年以記者身分來臺，留下了以下寶貴的記錄，讓我們得以稍微想像人力車於清末臺北街頭奔馳的畫面：

城外及大稻埕開闢了幾條街道，一八八八年劉（銘傳）總督引進人力車，這些新道路係以人力車為考量開設的，每條道路有兩條或三條平行的車道，以一英尺寬（約〇．三三公尺）的長石接連鋪成，車道與車道間的路面則鋪以鵝卵石。為了使人力車在臺灣有良好之發展，劉總督還先以自費營運，然後再將人力車移交給苦力。

為何劉銘傳要特別將人力車引進到臺灣，大概與他宏大的臺灣近代化建設與臺北城建設有關。至少這段文字透露出端倪。

日本殖民統治臺灣後，臺北人力車自然繼續存在，也許對於日本人而言，這是一項再熟悉不過的交通工具。

根據日人媒體於一八九六年的報導，臺北市在當時已經有五百輛人力車，通行於臺北城內外；一八九六年八月二十四日的《臺灣新報》載：「從城內到城外、從城外到城內往來的日本人，一百人當中有二十一到二十二人會乘坐人力車。」可見當時臺北都會區的日人對人力車的依賴。一八九九年的報導則讓我們掌握到，當時臺北人力

人力車夫的特權階級：抱車夫（カカエシャフ，KAKAESHAFU）

如前所述，半近代交通工具與傳統工具最大的差別在於：是否具備了供大眾使用的特徵。

人力車顯然無法百分之百滿足此一要求，畢竟人力車最多只能乘坐兩個人，所以人力車的確有一定比例為私人所擁有，達官貴人都擁有自家車夫，與現在擁有專屬司機的性質一樣。

在日文中，這些私人車夫稱為「抱車夫」，他們因為擁有來自主人家所提供的穩定薪水、服裝、伙食和車輛，而被一般營業用車夫所稱羨，這種現象同時存在於早期的日本、臺灣、中國和香港，私人車夫甚至會打著主人家的名號，四處耀武揚威。

市況一班（枭見）

▲人力車　台北に現時腕車數五百以上あり台北土人の營業中一番盛昌なるは此營業なり城內より城外へ城外より城內へ來往する內地人中百中貳十一二人迄は便乘するもの丶如し然れども腕車のパチ強硬に失すると（台人の來往者も千中の七八十人は乘車す）道路の悪さ加減とにより乘心地の悪き事恰も內地のガタ馬車を以丶河原地を通行すると問斷なり尤も遠からず道路も改修せらるべく其時を待ち內地製の腕車を輸入台人に賣付ては如何彼等台人も新規を好むの癖あり己に一二の挽夫は內地製の腕車を壹輛三十六圓にて購求得意がりて挽き居るものあり又內地人も勉めて此車を撰りて乘る傾きあれば自然彼等も內地製の腕車を購ふに至らん當業者意を注ぐべきなり台人人力車夫一人の收入壹圓乃至壹圓五十錢なり

▲石油は　悉皆香港より輸入する物にして當時

一八九六年日人新聞媒體有關臺北人力車的報導（圖片來源：〈市況一般〉，《臺灣新報》，一八九六年八月二十四日，三版）

車路線已多達二十九條，原本的城內、艋舺（今萬華）與大稻埕三大區塊，已經有了初步的整合，並往西北延伸到圓山、士林，往東延伸到錫口（今松山）。之後，人力車逐漸在全臺普及。

基本上，一九〇〇年臺灣進行所謂市區改正（都市計畫）之前，全

雜事

●挽車儎資　人力車組合區域以及儎資當道早已成議制定人力車稽査規程其大畧如左組合分大稻埕艋舺二區一大稻埕組合即大稻埕支署轄下第二課轄下士林支署轄下新庄支署轄下錫口支署轄下等悉附屬之而艋舺組合即艋舺支署轄下枋橋支署轄下等悉附屬之而其儎資自大稻埕火車站起至臺北縣廳二錢至臺北辨務署三錢至西門四錢至東門四錢至南門五錢至小南門五錢至古亭庄警官派出所七錢至六張犁十三錢至新店街二十五錢至深坑街四十錢至新起街二丁目五錢至新起街祖師廟六錢至艋舺支署七錢至艋舺水仙宮口街六錢至歡慈市街七錢至書院邊街八錢至艋舺火車站五錢至圓山公園十錢至臺灣神社十錢至大稻埕埤仔墘街渡船頭七錢至河溝頭街三個橋七錢至城隍廟前六錢至建昌街租稅檢查所五錢至日新街五錢至稻新街北門外橋三錢至江瀬街外國人俱樂部四錢至士林街十五錢至北投三十二錢至錫口十八錢若待候乘客無論市街之內外每一時間增加三錢市街之坦路每一里間一人乘六錢二人乘九錢崎嶇道路及雨後泥滑之際增給三成夜間增給二成又雇用一日五十錢半日三十錢云

二十世紀初期臺北市街人力車路線與車資（圖片來源：〈挽車載資〉，《臺灣日日新報》，一九〇一年九月十九日，四版）

1920 年代臺人人力車夫。人力車從日本傳到東亞各地之後，出現了仿製的現象。殖民地臺灣的人力車有部分為現地製造，但日本製的品質仍較受到青睞，具有車體輕、行駛速度快、外型美觀、乘坐舒適等優點，因此售價是臺灣製的兩倍。（圖片來源：《福爾摩沙．美麗之島》）

一九二〇年代臺北街頭的人力車（圖片來源：《福爾摩沙．美麗之島》）

臺只有在臺北與臺南兩大都市才看得到人力車的身影，到了一九一一年，全臺已有人力車兩千五百輛、車夫三千六百人，從北到南各個主要城市都可見其身影。

臺灣人力車和牛車一樣，後來都因為一九二〇年代末期汽車運輸興起而遭受嚴重的打擊，車輛與從業人員大幅縮減，但這並不代表這項交通工具從此消失於歷史舞台。

實際上，當電車、鐵道、汽車等近代交通工具因戰爭、動亂而暫時退出市場之際，這種傳統與半近代交通工具就會適時地填補民眾日常生活所需。此外，臺灣這塊島嶼還存在著特殊的歷史因素，使得人力車有機會在二次大戰結束後繼續在街頭活躍。

在二次大戰期間，臺灣的鐵道、汽車等近代交通工具因燃料不足、盟軍空襲等因素，而遭受嚴重的打擊，許多線路因此停擺。

一九四五年國民黨政府接收臺灣後，雖然積極搶修交通，各民營汽車客貨運公司也持續營業，但仍無法在短期內回復到戰前的最高水準。

尤其在一九四九年，國民黨政府遷臺時從中國大陸遷來兩百萬軍民，原本已經勉強維持的公民營鐵公路交通立刻陷入瓶頸，前面提到的公共馬車、牛車和人力車等傳統與半近代交通工具便紛紛出籠，其中牛車比較侷限於鄉間與郊區，人力車則大量出現在都市。

二次大戰期間香港人力車的重出江湖

一九四一年十二月二十五日，日軍開始佔領香港，長達三年八個月。在日軍佔領之初，所有電車、鐵道、汽車運輸都停擺，於是各種人力車重出江湖，甚至出現了香港第一家公共馬車公司——一九四二年十二月七日開業的「九龍馬車公司」。

chapter 3

第三章 半近代大眾交通工具：馬車鐵道、人力輕便鐵道

一九二一年英國作家歐文．魯特（Edward Owen Rutter）造訪臺灣，在四月三日到十一日中的某一天來到桃園角板山，搭乘從桃園車站經大溪市區到角板山的人力輕便鐵道。他如此描述初次搭乘人力輕便鐵道的體驗：

臺車是一種裝有剎車的輕便推車。一個苦力在平臺上就能操作它。首先，苦力在車後奔跑、推它啟動，接著跳上車駕駛，直到速度減緩再下車推動。上山時需要兩名苦力操作，但下山時好戲才真正上演，讓你完全感受到在（相當簡陋的）私人觀光鐵道上長途旅行的驚險刺激。

鐵軌是軌距約十八英寸的輕便線，枕木不過是些短木段。目前在福爾摩沙，只有主要城鎮間有道路相通，而城鎮之外的郊區乃至山區，則由這些臺車路線連結起來，全島總長超過五五〇英里。不論最初是誰想到這種方式開拓鄉野，他肯定是個天才，因為在這片幾乎沒有馬匹的土地上，臺車路線遠勝於跑馬小徑（bridle-path）；不僅如此，它也成了從山區運送樟腦等物產下山的高明辦法。

一九二一年四月英國作家歐文．魯特造訪臺灣，在搭乘臺車前往角板山的途中休息拍照。（圖片來源：《一九二一穿越福爾摩沙》）

發明人力輕便鐵道的人是否為天才？我們不得而知。但可以確定的是，魯特認為人力輕便鐵道是臺灣特有的交通工具，相當適合地勢起伏較大的臺灣。

追本溯源：馬車鐵道

人力輕便鐵道也許不是臺灣特有的交通工具，魯特之所以下這樣的結論，可能是因為他受到突然的震撼，以至於忘記自己的老祖宗。其實早在七世紀英國就已使用軌道（rail）來運輸貨物，地點在諾丁漢郡（Nottinghamshire）的沃勒頓（Wollaton）地區，軌條是木製的，運送的是煤礦。

在十八世紀，隨著英國煤礦工業的發展，人們以動物取代人力來提高運輸力；原本是人在車輛後方推，那時改由牛隻、馬匹等來拖拉車輛。同時，木製軌道平均壽命都不到三年，損壞率太高，因此在一七六七年人們開始以鐵製軌道替代木製軌道。

十八世紀末，公共馬車結合鐵製軌道，在英國逐漸盛行，成為蒸汽鐵道普及之前城市交通的主要工具。一八三六年紐約引進馬車鐵道，一八四五年開始在美國各大城市普及。

到了一八六〇年代，歐美主要城市都可見到馬車鐵道的身影。

十九世紀盛行於歐美各大城市的公共馬車鐵道（圖片來源：維基百科）

神奇的兩條平行線

為何將車輛放置在鋪設於路面的鐵製軌條上行駛，便能大幅提升運輸效率？這是因為鐵製軌條是極光滑且堅硬的媒介，車輛車輪可以最小的摩擦力滾動。

若將十公噸重的貨物放置於鐵道車輛上，再利用鐵製軌條來運送，只需要一個人就可以推動；同樣重量的貨物若直接放在平地，大約需要六十個人才能夠推動。

即使在汽車運輸出現之後，內燃機裝置使得車輛車輪獲得豐沛的滾動能量，所耗費的能量仍然超過鐵道。平均來說，如果將同樣重量的物品進行同樣距離的運送，汽車運輸耗費的能量會超過鐵道百分之五十以上。

在一八六〇到一八七〇年代之間，日本從歐美引進公共馬車。那麼馬車鐵道是在何時引進到日本？

一八七三年，日本人高島嘉右衛門籌劃經營馬車鐵道，幾乎可說與引進公共馬車同步。但是，高島嘉右衛門的計畫沒有獲得官方許可，下一次有人提出馬車鐵道鋪設計畫，已經是在七年後的一八七九年，並在隔年實現，也就是「東京馬車鐵道會社」。

近代日本馬車鐵道的統計

年度	企業家數	里程：英哩	車輛數	乘客數
1882	1	8.42	31	1,106,623
1885	1	8.42	62	6,349,644
1887	1	9.53	62	7,556,473
1892	6	61.01	273	7,906,540
1895	8	73.33	295	16,470,111
1898	8	61.26	373	27,028,003
1902	23	135.59	530	4,989,729
1907	30	227.75	189	8,052,752
1912	40	299.67	1,221	9,014,522
1916	37	290.03	1,014	4,612,078
1921	35	183.45	614	2,994,952

資料來源：中西健一，《日本私有鉄道史研究—都市交通の発展とその構造》（京都：ミネルウア書房，1979）

臺灣似乎未曾出現馬車鐵道，卻大量鋪設了馬車鐵道的孿生物——人力輕便鐵道。所謂人力輕便鐵道，是由人推行固定於軌道上運行的車輛，就像礦場的礦車。

全世界哪個國家或地區曾經廣泛地運用人力輕便鐵道於大眾交通？答案是日本，然後再運用於殖民地——韓國與臺灣，其中以臺灣使用密度最高、存在時間最久，這點或許是讓魯特感到震撼的主要原因。

一八八九年，日本人力輕便鐵道在東海道的藤枝與燒津（為今靜岡縣兩個市鎮）問世，日文稱為「人車鐵道」（ジンシャテツドウ/Zinshatetsudō）。

透過老照片、時人記述或耆老回憶，我們得以知道，臺灣人力輕便鐵道的車輛大概就是一片木板，上方放有板凳供乘客乘坐，僅少數會裝置布蓬，以遮陽避雨。單純就「外觀」而言，臺灣人力輕便鐵道難以和一般認知的「鐵道交通」聯想在一起。

不過，這並不是人力輕便鐵道的「原始樣貌」。如果說臺灣人力輕便鐵道的源頭是日本人車鐵道，那麼後者便如同迷你版的火車車廂；其車廂為木造，有屋頂和窗戶可以遮風避雨。

受限於「人」的推力，臺車原只能行駛於平緩地形，但由史料與耆老口述可知，臺車在行經陡坡時可增加一名人員，等於是以增加「人力」來彌補「動力」上的不足。（圖片來源：《福爾摩沙．美麗之島》）

日本人力輕便鐵道主要是作為郊區、鄉間輔助性的交通手段，全盛時期在明治末期；根據統計，一九一一年全日本有十三家人力輕便鐵道公司，里程一一三．三公里，客車一五三輛、貨車三九四輛，搭乘人數為三七七一〇七人、貨物二九八五三一公噸，客運收入二〇八九七圓、貨運收入一四九九四〇八圓。

日本人車鐵道的車廂，在日本鐵道博物館（埼玉縣）大宮展示的車輛。車廂上有「三等」的字樣，說明當時人車鐵道的經營模式如同一般鐵道，依據乘車費用不同區分車廂等級；車廂是木造，座椅樣式與行李位置（位於座椅上方）等內部陳設也如同火車車廂。（攝影：陳家豪）

日本近代大眾交通發展的特殊歷程

若將人力車、馬車與馬車鐵道一併思考，我們可以發現，日本近代交通的發展稍微有別於歐美——日本對半近代大眾交通工具更為依賴。十九世紀日本近代化雖領先亞洲各國，但歐美近代化卻是累積了上百年的基礎、漸進發展，如果日本打算在短時間內趕上歐美腳步，勢必得走一些捷徑或使用特殊手段：對於半近代交通工具的依賴。

也就是說，日本在引進或發展半近代交通工具的同時，開始嘗試蒸汽鐵道等近代交通工具的建設，但後者的建設速度趕不上整體社會的經濟發展，所以就需要半近代交通工具來彌補不足。

甲午戰爭帶來的契機

臺灣的人力輕便鐵道由日本傳入，與中日甲午戰爭有關，因為日本在這場戰爭中，在運兵和運糧上運用了這項交通工具。日本陸軍省甚至一度計劃在朝鮮鋪設四百公里的人力輕便鐵道。

中日甲午戰爭結束後，日軍接收臺灣，將人力輕便鐵道帶來臺灣。日本陸軍先於一八九五年六月十日成立「臺灣鐵道線區司令部」，同年八月二十六日改設「臨時臺灣鐵道隊」，隸屬於臺灣總督府陸軍局長。這個臨時臺灣鐵道隊當然和縱貫鐵道的建設關係密切，並且設立了所謂的「輕便鐵道班」。

日本陸軍所鋪設的第一條軍用人

人力輕便鐵道如何翻譯成英文

從以前到現在，學界或一般大眾對於人力輕便鐵道這項交通工具的稱呼未曾統一，稱之為臺車、輕便車、手押車。

對應這樣的中文稱呼，英文翻譯為 Push Car 或 Light Railway。

日治初期臺灣軍用人力輕便鐵道鋪設狀況

區間	完工時間	區間	完工時間
臺南－高雄	1895.12	基隆線	
嘉義－臺南	1896.2	頭湖－涂葛窟（臺中梧棲）	1898.2
臺北線	1896.4	新竹－苗栗	1898.2
湖日（臺中烏日）－頭湖	1896.9	苗栗－葫蘆墩（臺中豐原）	1898.3
臺中－湖日（臺中烏日）	1896.9	葫蘆墩（臺中豐原）－臺中	1898.3
臺南－安平	1896.12	湖日北－北斗溪右岸	1898.3
高雄－鳳山	1896.12	潮洋橋北端（彰化溪州）－嘉義	1898.3
他裏霧(雲林斗南)－雲林	不詳		

資料來源：臺灣總督府鐵道部編、江慶林譯，《臺灣鐵道史（上）》中譯本（南投：臺灣省文獻會，1990）

力輕便鐵道，位於臺南安平和高雄之間，在一八九五年十二月完工。到了一八九八年二月，又將軌道延長到新竹，同時完成網藔社（臺南永康）至安平、烏日至塗葛窟（臺中梧棲）、他裏霧（林斗南）至斗六、高雄至鳳山等四條支線，以及基隆線、臺北線，總里程超過三八五公里；大致上，當時臺灣主要的市鎮都有人力輕便鐵道通過。

為何日本陸軍要大範圍地在全臺鋪設軍用人力輕便鐵道？原因很簡單，因為清代臺灣陸上交通建設過於簡陋。當時劉銘傳留下一條基隆到新竹的鐵道，這條原本預計蓋

日治初期臺灣軍用人力輕便鐵道鋪設狀況

位置	名稱	位置	名稱
新竹	臺灣陸軍補給廠新竹辦事處	北斗	同北斗車站
頭份	同頭份辦事處	塗葛窟（臺中梧棲）	同塗葛窟辦事處
苗栗	同苗栗辦事處	樹仔腳（臺中市南區）	同樹仔腳車站
三叉河	同三叉河辦事處（苗栗三義）	雲林	同雲林辦事處
葫蘆墩	同葫蘆墩辦事處（臺中豐原）	他裏霧（雲林斗南）	同他裏霧車站
臺中	同臺中支廳	大莆林（嘉義大林）	同大莆林車站
湖日	同湖日車站	嘉義	同嘉義辦事處
彰化	同彰化辦事處	新營莊	同新營莊辦事處
曾文溪	同曾文溪車站	高雄	同打狗辦事處
臺南	同臺南支廳	鳳山	同鳳山辦事處
安平	同安平辦事處		

車站名稱之所以都冠上臺灣陸軍補給廠，因臺灣總督府在 1895 年 10 月 5 日以勅令第 246 號修改「臺灣陸軍補給廠條例」，其中第五條規定：「添附支廠、辦事處或車站所在地名時，必須稱臺灣陸軍補給廠基地支廠、臺灣陸軍補給廠基地辦事處或臺灣陸軍補給廠車站。」

資料來源：

1. 臺灣總督府鐵道部編、江慶林譯，《臺灣鐵道史（上）》（南投：臺灣省文獻會，1990）
2. 〈明治 31 年．勅令第 246 号．臺灣陸軍補給廠条例改正〉，《御署名原本》，國立公文書館藏，1898 年 10 月。

到臺南的半成品卻不怎麼好用。於是，日軍為了迅速平定臺灣各地風起雲湧的抗日武裝勢力，只能在短時間內建構一張可以快速運送軍隊武器的陸上交通網絡，軍用人力輕便鐵道自然成為首選。

在清代，從臺南到新竹需費時十九天，到了日治時期鋪設軍用人力輕便鐵道後，便縮減為兩天。

軍用人力輕便鐵道與客家婦女

達飛聲（James Wheeler Davidson, 1872-1933）描述他搭乘新竹苗栗段軍用人力輕便鐵道的經驗：「由大稻埕乘火車到新竹，隔天坐小型窄軌輕便軌道疾驅，輕便車由客家苦力推（男女都有）。兩個多小時就到達距離新竹十四哩（約二二．四公里）的頭份……」

客家婦女因為普遍未纏足，成為傳統社會勞動力的重要來源，新竹苗栗地區有大量客家婦女從事「推臺車」的工作。

百年企業的誕生

日治初期日軍在臺灣所鋪設的軍用人力輕便鐵道，後來如何處理？

絕大多數在拆除之後，將軌條移交給各地方官廳（地方政府的概念），同時，絕大多數的軌條後來移交到民間業者手裡。換句話說，這批人力輕便鐵道刺激了一個新興產業的出現——民營人力輕便鐵道業。

軍用人力輕便軌條轉移到地方官廳、再轉移到民間業者的背景與過程會是什麼？

大家都知道，基隆到高雄的縱貫鐵道在一八九九年開始動工，每一個區段完工後，就會拆除該區段的軍用人力輕便鐵道。然而，南北縱貫鐵道只是孤獨地橫躺在臺灣西部，對於需求廣大的地方交通，特別是中央山脈到西部海岸以及緊臨太平洋的東部地區，都有地方交通

1905 年，臺北西門的城門與人力輕便鐵道。根據年代推算，照片中的軌道就是「軍用人力輕便鐵道」。透過老照片，不僅能看到人力輕便鐵道穿越城門的景象，還能看到交通工具和人力車並行的有趣畫面。

載運日本帝國郵件的臺車皆屬三級車。載客車則屬一級，並擁有通行權。雖然一級車更便於離軌，但因為其他臺車通常都載著沉重的物品，當兩車交會時，一級車需離軌讓三級車先通行。（圖片來源：《福爾摩沙．美麗之島》）

工具的需求。於是，臺灣總督府與日本陸軍商量，希望將這些拆除的軌條移交給各地方官廳。

各地方官廳拿到這批軌條後，除了部分作為公共建設，絕大多數都鼓勵民間業者來認領，並以個人經營、合夥或公司（company）的形式運作所謂的民營人力輕便鐵道企業，提供一般客貨運輸之用。

英商三美路商會（Samuel Samuel & Co., Ltd.）開啟了民間企業鋪設人力輕便鐵道的先聲。這家外商為了運輸石油，在一九〇二年向臺灣總督府提出從淡水車站（淡水線）沿著海岸鋪設人力輕便鐵道的計畫。

直到一九〇三年，我們才在宜蘭、鹿港與桃園地區看到由臺、日人成功籌組、以提供一般大眾運輸為目的的民營人力輕便鐵道企業，其中軌條都是由臺灣總督府或地方官廳免費提供。

隨著軍用人力輕便軌條發放民營，人力輕便鐵道很快就進入蓬勃發展階段。

一九一二年《臺灣日日新報》有篇報導指出：每個月都有兩、三家人力輕便鐵道企業申請設立，已設立者達四十一家、營運里程達六一三．八公里。

在軍用人力輕便鐵道發放民營之後，臺人地主運用清代所累積的資產，加上臺灣總督府暨各地方官廳的協助，從一九〇〇年代開始大規模投入人力鐵道產業，而成為這個產業得以蓬勃發展的重要助力。

軌距的問題

從學理出發，不論是馬車鐵道、人車鐵道或人力輕便鐵道，都是軌

「西鄉堤」與人力輕便鐵道

最早向臺灣總督府爭取軌條的是首任宜蘭廳長西鄉菊次郎，大家都對他的事蹟耳熟能詳。

西鄉菊次郎來到宜蘭時，適逢宜蘭廳所轄河川堤防因暴風雨侵襲而遭到破壞。一九〇〇年十二月七日，他為了修建宜蘭河堤防，向時任臺灣總督府民政長官的後藤新平提出請求：「為進行堤防工程，需要搬運石材與其他沉床材料，希望總督府與陸軍補給廠協議，將十．四公里的軌條移交給宜蘭廳。」

後來，西鄉菊次郎順利取得軌條，也修築了堤防。直到今天，人們仍紀念著西鄉菊次郎與宜蘭河堤防。

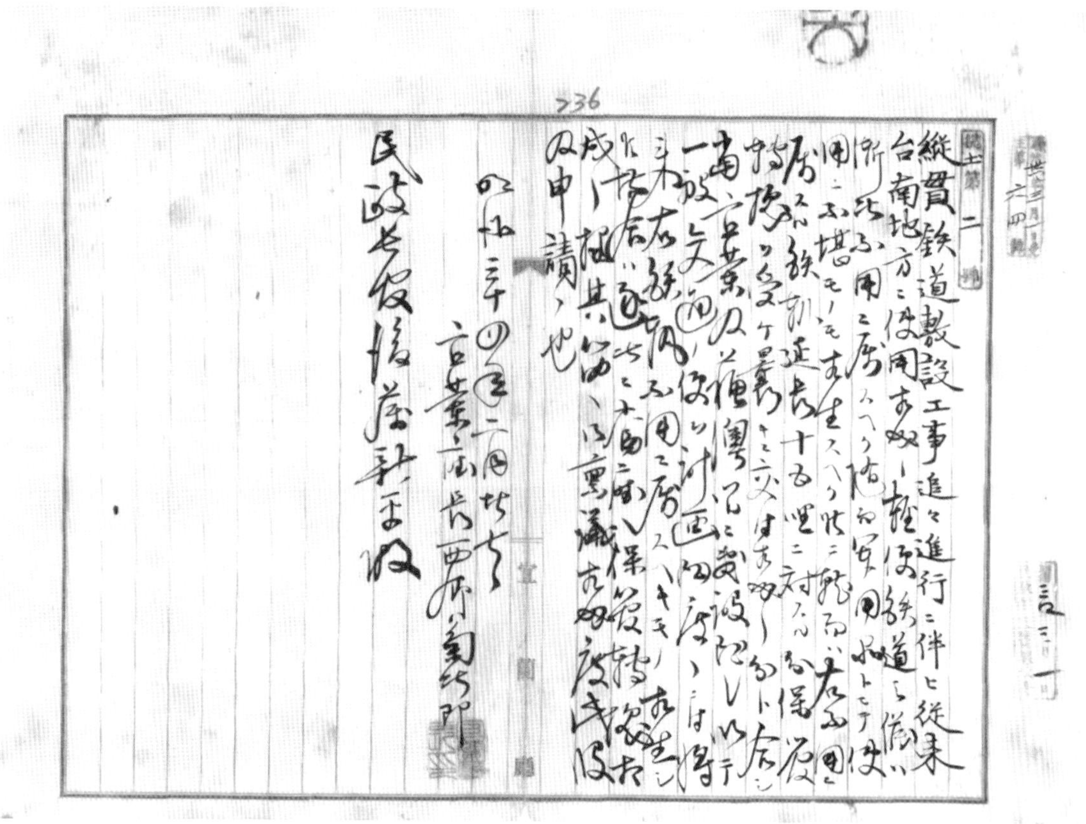

西鄉菊次郎向後藤新平請求撥交軍用軌條的公文。這則公文上有「宜蘭廳」的字樣，表示這是當時宜蘭廳專用的公文用紙。（圖片來源：〈宜蘭廳下二輕便鐵道敷設ノ為メ補給廠保管鐵軌保管轉換二關スル件〉，《臺灣總督府公文類纂》，國史館臺灣文獻館藏，1901 年 7 月）

臺灣最早出現的民營人力輕便鐵道企業

企業名稱	成立時間	創辦人	出資金額（日圓）	營業區間
宜蘭輕便鐵道組合	1903 年 3 月	臺灣人陳掄元、日本人小松楠彌	25,000	頭圍－蘇澳
桃崁輕便鐵道會社	1903 年 5 月 25 日	簡朗山等桃園、大溪一帶仕紳	10,000	桃園－大溪
臺灣中部運輸公司	1903 年 10 月	施範其、楊吉臣等鹿港人	20,000	彰化－鹿港

資料來源：作者自製。

百年桃客

「桃園汽車客運股份有限公司」一直都是大桃園地區最重要的地方汽車客運業者，企業的前身就是前述「桃崁輕便鐵道會社」，換句話說，這家企業已經持續營業超過一一〇年以上，實在不容易！

前面提到歐文·魯特（Edward Owen Rutter）搭乘從桃園車站到大溪市區的臺車，就是由「桃崁輕便鐵道會社」經營，這是該企業的第一條路線。

他們相當重視自己的歷史，不僅將一九二〇年代以降的營業資料保留下來，也會在每個十週年出版紀念性刊物。

一家企業若想永續經營，通常都會非常重視自己的歷史。

新竹客運前身為一九一九年開業的臺灣軌道株式會社，已經走過一百年以上的歷史。（新竹客運提供）

道型交通工具，無法進入「機械動力」的領域，也無法提供「大量、快速、長距離」運輸的功能——這樣的功能卻是鐵道交通最令人期待的地方。

臺灣人力輕便鐵道最大的特徵是「人力動力」與「軌距狹窄」，不論是上述稱呼，或是根據魯特的描述，都呈現出這樣的面貌。

臺灣人力輕便鐵道的軌距，與日本略有不同。日本軌距平均在二呎

經營人力輕便鐵道業者名單

一九一二年，《臺灣總督府鐵道部年報》列出專兼營人力輕便鐵道的業者名單：臺南輕便鐵道、阿緱輕便、臺灣產業、新店軌道、恆春輕鐵、紅新鐵道、埔里社製糖、苗栗輕鐵、竹南輕鐵、銅鑼灣輕鐵、

桃園—大溪的人力輕便鐵道（大溪歷史街坊再造協會提供）

右圖：
桃園客運的人力輕便鐵道車站

葫蘆墩輕便鐵道、員林輕鐵、田中央輕鐵、牛罵頭輕便鐵道、中嘉輕鐵、大目降輕便鐵道、關仔嶺輕鐵、嘉義產業、臺北製糖、桃園輕便鐵道、新竹製糖、南日本製糖、安咸輕便鐵道、宜蘭輕便、臺中輕便鐵道、彰化輕鐵、雲林拓殖、二林輕鐵、中壢輕便鐵道、南庄軌道、阿公店軌道、三叉河軌道、永興製糖、川瀨製糖、楊梅壢軌道、三鶯輕鐵、北門輕鐵、臺灣鳳梨罐詰（罐頭）、林啟記製糖、基隆輕鐵。

以上共有四十一家，與《臺灣日日新報》所提的新聞報導相差一家。

從《臺灣總督府鐵道部年報》這份名單，我們知悉一件事：原來許多製糖公司和製作罐頭的工廠也會鋪設人力輕便鐵道，大概是用來作為運輸原料與商品用，不提供一般大眾客貨運輸的服務。

（六一〇公釐）左右，還有二呎六吋（七六二公釐）與三呎六吋（一〇六七公釐）。

臺灣人力輕便鐵道軌距以一呎七吋半（四九五公釐）為主，也有若干線路為二呎（六一〇公釐），

林獻堂與臺車

林獻堂是無人不知、無人不曉的臺灣民族運動領袖，他也代表霧峰林家——當時與板橋林家分庭抗禮的重要家族。一九〇五年，林獻堂曾與臺中、南投一帶的臺、日人共同發起投資「臺中輕便鐵道株式會社」。

左頁：
臺灣民族運動領袖林獻堂與臺中輕便鐵道株式會社（圖片來源：一九〇五年臺灣人輕便鐵道會社設立申請書類，《臺灣總督府公文類纂》）

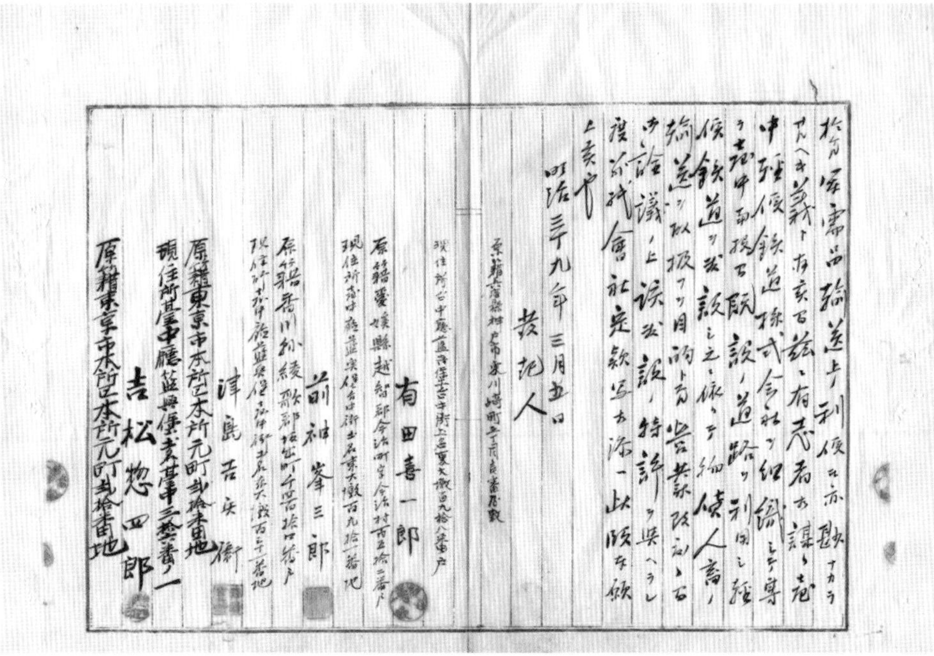

於テ軍需品輸送上ノ利便モ亦尠ナカラ
ザルヘキ義ト存候ニ付茲ニ有志者相謀リ臺
中輕便鐵道株式會社ヲ組織シテ專
ラ臺中南投間ニ既設ノ道路ヲ利用シ輕
便鐵道ヲ敷設シ之ニ依テ貨人畜ノ
輸送ヲ取扱ヒ以テ目前ノ急需ニ應セムト
存シ評議ノ上設立致シ候間特許ヲ與ヘラレ
度別紙會社定款寫相添ヘ此段奉願
上候也

明治三十九年三月五日

發起人

原籍兵庫縣神戸市東川崎町三丁目廿番屋敷
現住所臺中廳藍興堡臺中街土名東大墩百九拾八番戸
有田喜一郎

原籍愛媛縣越智郡今治町字今治村百五拾二番戸
現住所臺中廳藍興堡臺中街土名東大墩百九拾一番地
前神峯三郎

原籍香川縣綾歌郡坂出町千四百拾四番戸
現住所臺中廳藍興堡臺中街土名東大墩百三十一番地
津島吉兵衛

原籍東京市本所區本所元町弐拾壱番地
現住所臺中廳藍興堡東大墩三拾三番ノ一
吉松惣四郎

原籍東京市本所區本所元町弐拾壱番地

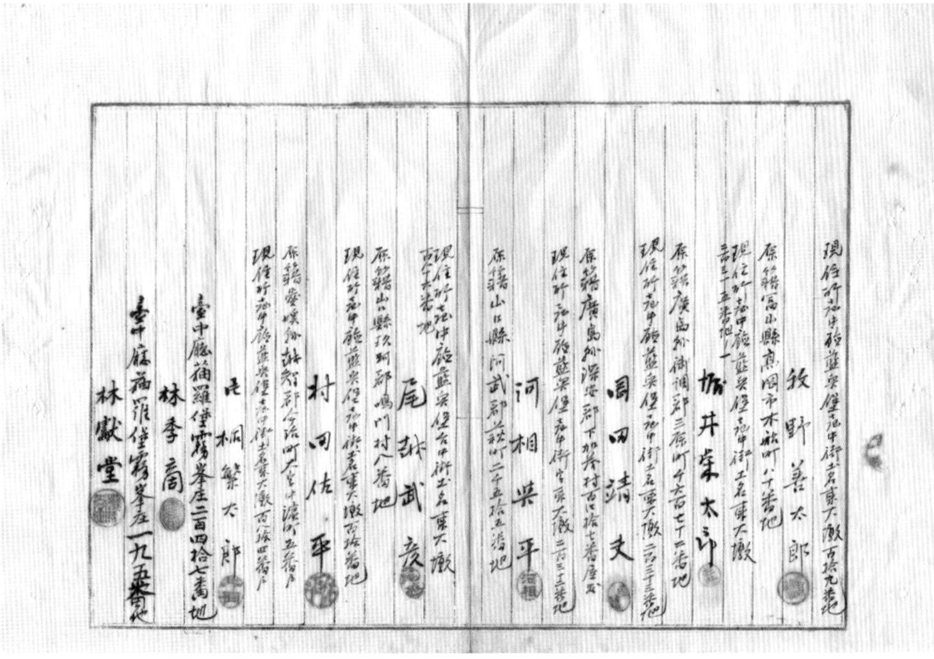

現住所臺中廳藍興堡臺中街土名東大墩百拾九番地
原籍富山縣富山市木町八十番地
牧野善太郎

現住所臺中廳藍興堡臺中街土名東大墩五百三十五番地ノ一
櫻井榮太郎

原籍廣島縣御調郡三原町千六百七十二番地
現住所臺中廳藍興堡臺中街土名東大墩二百三十三番地
岡田靖文

原籍廣島縣深安郡下加茂村百八拾七番屋敷
現住所臺中廳藍興堡臺中街字東大墩二百三十三番地
河相榮平

原籍山口縣阿武郡萩町二千五拾五番地
現住所臺中廳藍興堡臺中街土名東大墩百十六番地
尾琳武彥

原籍山口縣玖珂郡鳴門村八番地
現住所臺中廳藍興堡臺中街土名東大墩百拾番地
村田佐平

原籍愛媛縣越智郡今治町大字中濱町五番戸
現住所臺中廳藍興堡臺中街土名東大墩百八拾四番戸
同 桐繁太郎

臺中廳猫羅堡霧峯庄二百四拾七番地
林季商

臺中廳猫羅堡霧峯庄一九五番地
林獻堂

中壢吳家與臺車

說到客家的「望族」，一定會提到中壢吳家。至今中壢吳家仍然在臺灣政界具有影響力，曾任國民黨主席的吳伯雄便來自這個家族。

中壢吳家除了在政界頗為活躍，老一輩的臺灣人還會聯想到醫界，而大桃園的朋友則會聯想到交通業——桃園客運，中壢吳家目前仍掌握這家百年客運企業的經營權。

一九一八年，中壢吳家開始投入交通業，成立了中壢軌道組合（後改為株式會社）。吳伯雄的伯父吳鴻森為發起人之一，並且在家族企業成立後出任董事。後來臺灣總督府要求「桃園軌道株式會社」收購「中壢軌道株式會社」，吳伯雄家族便順勢成為桃園軌道株式會社的重要股東之一。

戰後，桃園軌道株式會社改組為桃園客運，中壢吳家透過收購股權，成為桃客最大的股東，直到今天。

吳鴻森

皇民奉公會新竹州支部參與　醫師

（現）新竹州中壢郡中壢街[illegible]中壢老二二三五

【經歷】明治二十年九月一日現住所ニ生ル　大正七年臺北醫專ヲ卒業　同十年中壢街ニ於テ中壢醫院ヲ開業シテ現在ニ至ル　其ノ間青年團長　生活改善會長ヲ歷任　昭和七年ヨリ昭和十五年迄八年間官選州協議員タリ　現ニ皇民奉公會新竹州支部參與　[illegible]

【家庭】子女八人　長女ハ帝大醫學士[illegible]ニ嫁ス　次女高等女學院在學中　三女[illegible]高女在學中　長男新竹中學在學中　以下國民學校在學中

《臺灣人士鑑》（昭和十七年版）對於吳鴻森的介紹（臺北：臺灣新民報社，一九四三）

大租權公債與臺車

若提到大租權公債，一般人都會將其和後藤新平的土地改事業與彰化銀行聯想在一起。

一九〇五年臺灣總督府在實施土地調查之後，發行公債籌得資金，向臺人地主買下大租權，再導引臺人地主將公債投資到工商業，彰化銀行就是在這樣的背景下成立。

另一方面，臺灣總督府也會鼓勵臺人地主利用大租權公債來鋪設人力輕便鐵道。

同年，鳳山廳苓雅寮的陳瓊、藍麟、周忠禮、王樹森、呂成金、蔡呂文等人都是持有大租權公債的地主，地方官廳鼓勵他們集資四．五萬日圓，設立一家專門運輸新興製糖株式會社所需的甘蔗，與所生產砂糖的交通企業，名為「靈芝輕便鐵道會社」。他們計劃運用大阪汽車製造會社製造的石油發動式輕便機關車，以十四至十五輛機關車牽引可乘載八名乘客的有蓋車廂（臺車最多只能搭乘四人）。這種機關車時速最高達二十公里（比臺車約快數公里）。

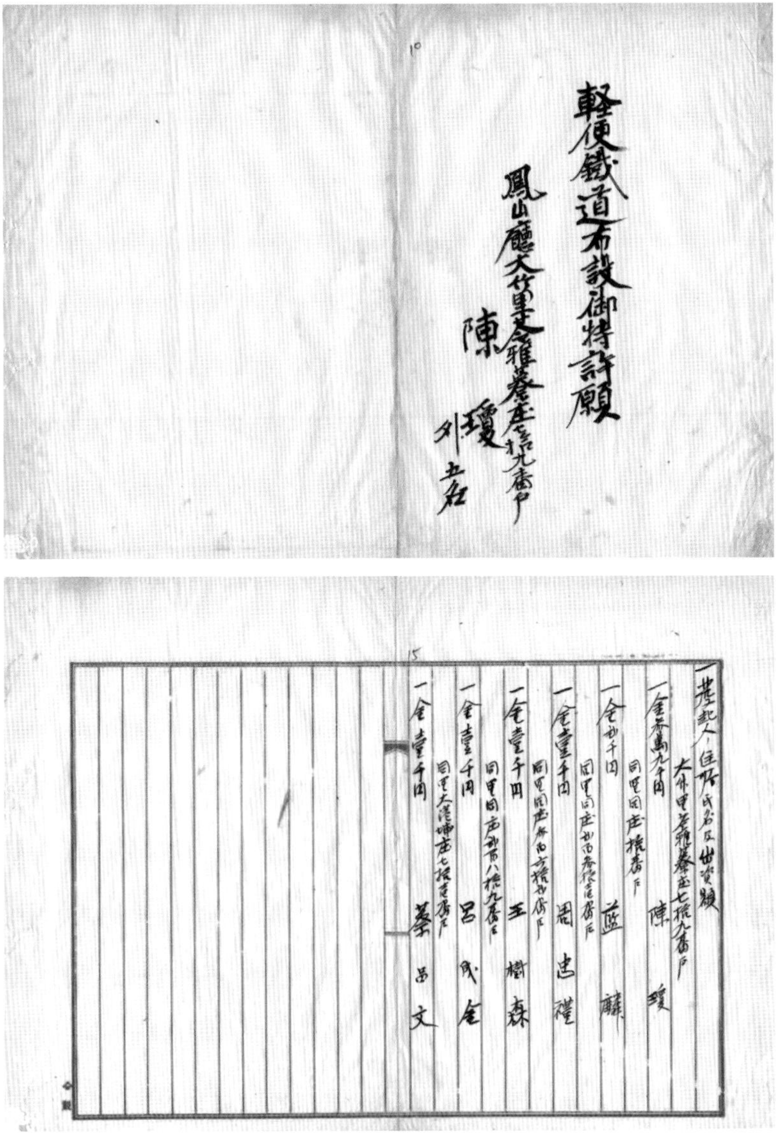

靈芝輕便鐵道會社向臺灣總督府申請鋪設人力輕便鐵道，其中可見發起人姓名。（圖片來源：1905 年臺灣人輕便鐵道會社設立申請書類，《臺灣總督府公文類纂》）

臺車在大陸的經驗

臺人不僅積極投入臺灣人力輕便鐵道的鋪設，相關業者也將此經驗輸出到原鄉地中國大陸。

首先是板橋林家。在一份一九一五年十二月十四日由日本駐福建福州領事天野恭太郎提交給外務大臣石井菊次郎的報告中，提及福州當地人士一直商議在福州市與馬尾港間鋪設一條鐵道。

計畫的源頭是巡按使，巡按使想仿效臺灣成功的實例，邀集地方專家、事業家與仕紳來鋪設「人車鐵道」，計劃成立「福馬輕便鐵道股份有限公司」，資本額三〇萬銀元，股東限於中華民國國民，目前聽說股東有板橋林家、林則徐之孫林炳

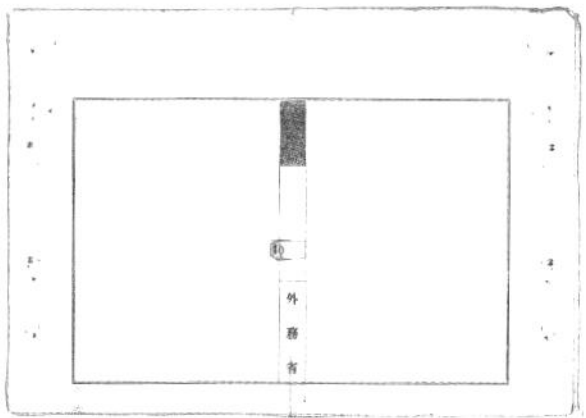

日本駐福建福州領事提交給外務大臣的報告
這份公文特別提到巡按使想仿效在臺灣的成功實例，鋪設人車輕鐵。（圖片來源：日本外務省外交史料館）

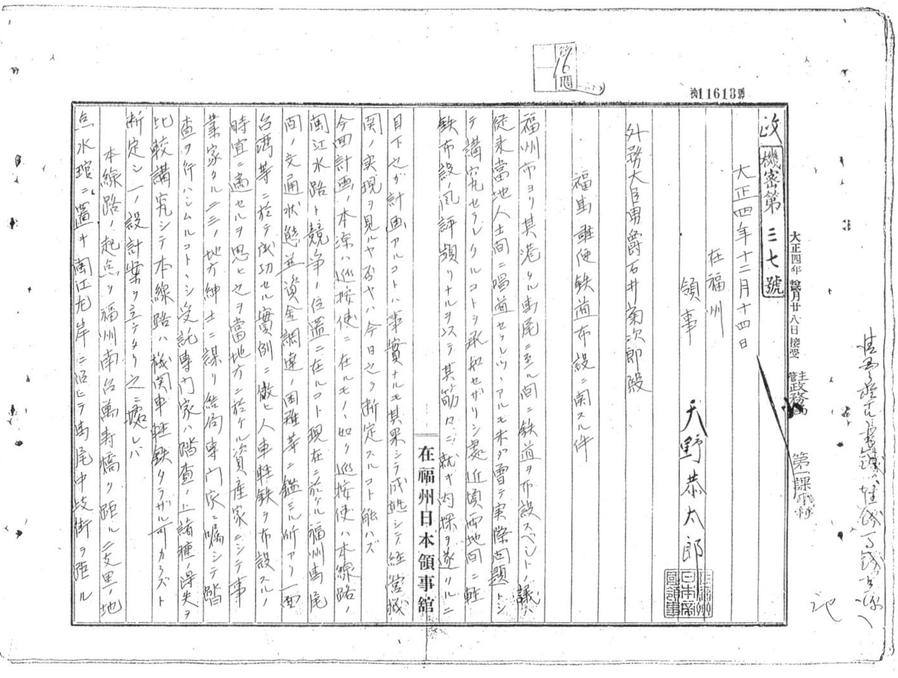

第16問
11613
大正四年十二月廿八日接受 主管 政務局 第一課

政 機密第三七號
大正四年十二月十四日
在福州 領事 天野恭太郎
外務大臣男爵石井菊次郎殿
福馬輕便鉄道布設ニ関スル件
福州市ヨリ其港タル馬尾ニ至ル間ニ鉄道ヲ布設スベシトノ議ハ従来當地人士間ニ唱道セラレツヽアルモ未タ曾テ実際問題トシテ講究セラレタルコトヲ承知セザリシ処近頃両地間ニ軽鉄布設ノ風評頻リナルヲ以テ其筋ロニ就キ内探ヲ遂ケルニ目下之ガ計画アルコトハ事実ナルモ其果シテ成熟シテ経営ノ機関ノ実現ヲ見ルヤ否ヤハ今日之ヲ断定スルコト能ハズ
今回計画ノ本源ハ巡按使ニ在ルモノヽ如ク巡按使ハ本線路ノ閩江水路ト競争ノ位置ニ在ルコト現在ニ於ケル福州馬尾間ノ交通状態並資金調達ノ困難等ニ鑑ミル所アリ一面台湾等ニ於テ成功セル實例ニ倣ヒ人車軽鉄ヲ布設スルノ時宜ニ適セルヲ思ヒ之ヲ當地方ニ於ケル資産家ニシテ事業家タル二三ノ地方紳士ニ謀リ結局専門家ニ嘱シテ踏査ヲ行ハシムルコト、シ受託専門家ハ踏査ノ上諸種ノ得失ヲ比較講究シテ本線路ハ機関車軽鉄タラザル可カラズト断定シ一ノ設計案ヲ立テタリ之ニ據レバ
本線路ノ起点ヲ福州南台萬寿橋ヲ距ル二支里ノ地点水瑱ニ置キ閩江左岸ニ沿ヒテ馬尾中岐街ヲ距ル
在福州日本領事館

章等人。

核對林爾嘉家族物產關係文書，確實可以看到「福建程漳輕便鐵路股份有限公司」寄給林爾嘉的信函，在信函中所附的股東名單，可看到林爾嘉持四〇〇股、林剛義持四〇〇股、林銘三持二〇〇股、林希莊持五股、林鼎禮跨海持一〇五股，分別居第四至第七大股東，且林爾嘉與林剛義當選為董事。

接著是蕭信棟。他在一九一五年回到福建汕頭籌組「汕樟輕便鐵路公司」，鋪設汕頭經灯海到達樟林的路線，里程為十八．五公里，一九二三年，汕頭到灯海的路段率先通車。

日本駐福建汕頭領事提交給外務大臣的報告

日本駐汕頭領事將汕樟輕便鐵道公司的籌組計畫回報本國，可惜這份檔案的字跡已難以辨識。（圖片來原：日本外務省外交史料館）

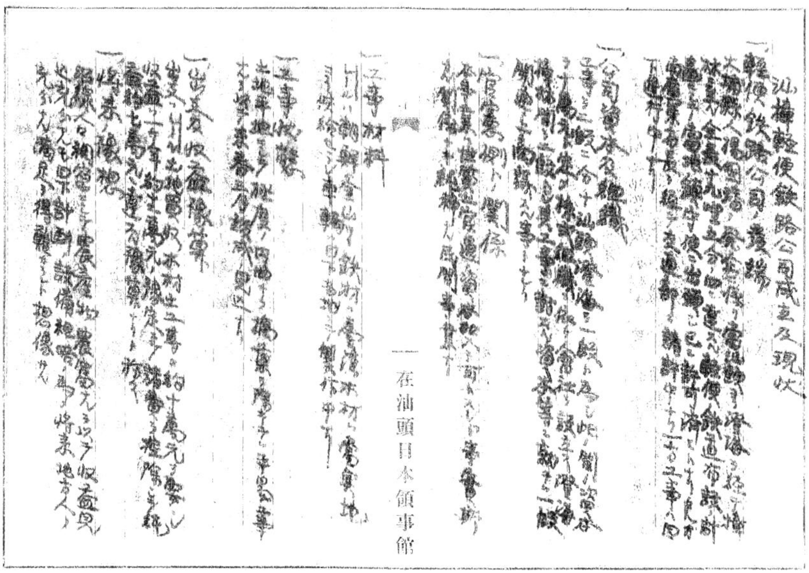

汕樟輕便鉄路公司成立及現状

在汕頭日本領事館

其餘軌距則很少見，諸如二呎六吋（七六二公釐）、一呎九吋半（五九七公釐）、一呎五吋（四三二公釐）、一呎四吋（四〇六公釐）、一呎四十二吋（四一〇公釐）、一呎四十三吋（四一一公釐）等。

臺灣總督府鐵道部編輯的《臺灣總督府鐵道部年報》，在一九〇九年首次將人力輕便鐵道納入統計。這是因為在該年十月二十五日，臺灣人力輕便鐵道管理權才完全從軍方轉移到臺灣總督府民政部。

一九〇九年，臺灣總督府鐵道部列入統計的人力輕便鐵道共十九線，營業里程約二七〇公里，其中有三條路線為二呎（六一〇公釐）、營業里程約四十九公里，這表示當年度的臺灣人力輕便鐵道的所有營業里程中，使用二呎（六一〇公釐）軌距的比重為百分之十八左右，其餘有百分之八十二左右為使用一呎七吋半（四九五公釐）軌距。

前面提到，一九〇九年正值臺灣人力輕便鐵道從軍方轉移到民間的階段，而此處統計所見的一呎七吋半（四九五公釐）與二呎（六一〇公釐），應該是延續軍用人力輕便鐵道的規格。

到了一九一四年，在臺灣總督府鐵道部的統計中，首次出現一呎七吋半（四九五公釐）與二呎（六一〇公釐）以外的軌距，這是指臺人洪炳所鋪設、從新港車站到新港廟前的「新港線」，採用二呎六吋（七六二公釐）軌矩，隔年正式營

軌　第五十八表

	會社又ハ業主所在地	線路 區間		哩程	軌間
澤井市造	臺北	臺北南門	屈尺	13.40	一呎七吋半
祭學鉊	和尚洲	三重埔土名菜寮	樓仔厝	2.41	同
宜蘭輕鐵組合	宜蘭	蘇澳	頭圍	23.59	同
		羅東	八哩沙	7.45	同
臺灣中部運輸會社	彰化	彰化	鹿港	8.71	同
新竹製腦株式會社	新竹	新竹	樹杞林	9.75	同
松木徒爾		中港	斗換坪	5.20	二呎
蔡義芳	後壠	後壠驛	同市街	2.42	同
打北輕鐵存龍公司	打猫	打猫	北港	8.00	一呎七吋半
牛罵頭輕便鐵道株式會社	牛罵頭	牛罵頭	大肚驛	12.31	同
		沙轆	梧棲	2.14	同
臺中輕便鐵道株式會社	臺中	臺中	南投	16.65	同
		內新庄	大里杙	1.22	同
雲林拓殖合名會社	林圯埔	林內	林圯埔	5.40	同
		林圯埔	東埔蚋	1.50	同
斗六製糖株式會社	大崙庄	斗六驛	大崙庄	2.47	二呎
桃崁輕便鐵道會社	桃園	桃園驛	大嵙崁	8.00	一呎七吋半
		桃園驛	同市街	0.40	同
		八塊厝停車場	八塊厝庄	0.72	同
苗栗輕鐵株式會社	苗栗	社寮崗	出礦坑	9.00	同
大目降輕便鐵道組合	大目降	新市街	大目降	3.33	同
中嘉輕便鐵道組合	中埔	嘉義南門	中埔	6.00	同
嘉義產業合資會社	嘉義	頂六	觸口	7.49	同
		嘉義南門外	同西門外	1.25	同
埔南公司	二八水	二八水	濁水	7.65	二呎
		濁水	南投	5.71	同
總計				174.57	……

一九〇九年臺灣總督府鐵道部開始統計人力輕便鐵道的營運（圖片來源：臺灣總督府鐵道部編，《臺灣總督府鐵道部第十一年報明治四十二年》，臺灣總督府鐵道部，一九一〇）

運，使用臺車數為五輛。

一九一六年，臺灣製糖株式會社同樣採用二呎六吋（七六二公釐）軌距鋪設灣里車站到灣里街的路線。一九一九年，烏樹林製鹽公司預計鋪設的頂雙溪到　仔崙（高雄內門）則採用一呎九吋半（五九七公釐）的軌距。一九三〇年，臺灣人力輕便鐵道僅百分之十二·一一的路線採用二呎（六一〇公釐）、一呎九吋半（五九七公釐）的軌距；換句話說，一呎七吋半仍然是主流。

同一家企業是否可能採用不同軌距？

答案是可能的，諸如烏樹林製鹽公司同步採用一呎七吋半（四九五公釐）與一呎九吋半（五九七公釐）兩種軌距。但大多數的情形是同一家公司採用同一種軌距。

臺灣總督府是否曾對人力輕便鐵道的軌距訂出規範？

答案是沒有。一九一二年，臺灣總督府公布了「臺灣私設軌道規程」，這是臺灣人力輕便鐵道的單行法規，但並未對業者該採用的軌距有任何規範。一九一六年當「臺灣私設軌道報告規程」修改之際，我們看到了官方乃是以一呎七吋半（四九五公釐）作為標準，規範了枕木鋪設、路線最大坡度與最大曲度。

當然這不代表官方要求業者只能採用一呎七吋半（四九五公釐），只是再次反映了一呎七吋半（四九五公釐）是主流的事實。

對於鐵道交通稍有接觸的讀者，或許會想了解，為何臺灣的人力輕

○私設軌道軌隔一呎七吋半ニ對スル諸標準（五年一月決定）

一四四

枕木ノ大サ

普通枕木	丸太	3½吋(末口)×3呎(但シ上面削)
	角材	3吋×3吋×3呎
橋梁枕木	丸太	4吋(末口)×4呎(但シ太鼓削)
	角材	3½吋×3½吋×4呎
備考 橋上ニハ必ス步板ヲ設クルモノトス		

枕木ノ配置

軌條重量 / 線路勾配	9磅	12磅
1/30 以上	11挺	10挺
1/30 乃至 1/60	10ヶ	9ヶ
1/60 以下	9ヶ	8ヶ
備考 本表ハ長十八呎軌條ニ對スル標準ナルヲ以テ其ノ他ノ軌條ニ對シテハ軌條ノ長短ニ應シ本標準ニヨリ適當ニ增減スルモノトス		

最急勾配及最小曲線半徑

最急勾配 1/20
最小曲線半徑35呎
} 但シ地勢上已得サルトキハ此ノ限ニ在ラス

臺灣總督府關於人力輕便鐵道的規範（圖片來源：《臺灣私設鐵道并軌道關係法規類纂》，一九一九）

便鐵道使用了不同於殖民母國的軌距？

這是因為只要是軌道型交通，軌距的寬窄直接左右了鋪設時間與鋪設成本。越寬的軌距，便能行走越重的車輛、承載量；承擔越快的行走速度、越大的承載量；但是越寬的軌距，必須使用磅數較重的軌條、路基的耐震係數必須提高、施工期間會拉得比較長，表示總體鋪設成本就會增加。

既然臺灣人力輕便鐵道的鋪設最早是基於軍事考量，自然會選擇較窄的軌距，如此才能在低鋪設成本的條件下迅速完工，以利軍隊武器運送。換句話說，日軍在臺灣所使用的軌條磅數較低，當然無法使用於較寬的軌距，二呎（六一〇公釐）的軌距或許已經是極限了。

臺灣民營人力輕便鐵道業者取得的軌條既然是來自軍方，這表示他們所鋪設的軌距也必須受限在二呎（六一〇公釐）以內，這意謂著行走於軌道上方的車輛必須非常輕巧。

冒著生命的危險搭乘

簡易、輕巧的人力輕便鐵道若稍微操作不當，便容易釀成事故。在《臺灣日日新報》，經常可見臺車翻覆、臺車輾傷人、臺車撞死人等相關報導；通常情況都是後押人夫為了趕快完成客貨運送而「超速」。

當時規定人力輕便鐵道在市區的最高時速為十公里，下坡路段最高時速為十六公里，但真正願意遵守的後押人夫可能不多，特別是在最節省體力的下坡路段，總是該剎車時不剎車。如果剛好遇到比較大的彎道、會車，或有人正要跨越軌道

臺灣人力輕便鐵道、糖業蒸汽鐵道與縱貫鐵道鋪設成本比較

交通工具	時速	軌距	機關車重量	每公里鋪設成本
縱貫鐵道	40-80 公里	3 呎 6 吋（1067 公釐）為主	115 公噸的煤水式機關車	最少 3.4 萬日圓
糖業蒸汽鐵道	20-30 公里	2 呎 6 吋（762 公釐）為主	20 公噸以下的槽式機關車	平均約 1.4 萬日圓
人力輕便鐵道	10-16 公里	1 呎 7 吋半（545 公釐）為主	無	約 0.1-0.3 萬日圓

資料來源：作者自製

時，似乎只能選擇撞上去。

臺灣人力輕便鐵道究竟是多危險的交通工具？從以下的統計數字，便可窺知一二。

《臺灣總督府鐵道部年報》從一九一一年開始登錄每年度人力輕便鐵道和私設鐵道（糖業鐵道）的事故死傷人數。如圖所示，除了一九一一、一九三九、一九四一年三個年度之外，人力輕便鐵道的死傷人數皆多於私設鐵道。人力輕便鐵道在一九一一至一九四一年的累計死傷人數是三九九五人，私設鐵道則是一〇八七人，人力輕便鐵道是私設鐵道的四倍左右。

當然，只是單純呈現兩種交通工具的死傷人數，不見得有太大意義。可能存在一種情況：若搭乘人力輕便鐵道的人數本來就多於私設鐵道，越多人搭乘自然會造成比較多的死傷人數。

究竟搭乘人力輕便鐵道的人數是

後押人夫的悲慘世界

為了推臺車，當時衍生出一種職業叫做「後押人夫」。這種後押人夫是下階層勞工，但並非民營人力輕便鐵道企業的正式員工，業者會委由一位工頭代為管理。

後押人夫與業者之間採取抽成制，每個地區或每家企業標準不同，如新竹地區的「臺灣軌道株式會社」是公司抽百分之六十五、後押人夫抽百分之三十五。曾有「後押人夫」嫌抽成太低，在一九二八年鬧出罷工事件，引起日人官員與警察介入。

臺灣軌道會社

臺車苦力

百十九名十九日より

一齊罷業

【新竹電話】臺灣軌道會社の新竹郡關西新埔方面の臺車後押人夫罷業問題は既報の如く人夫の要求額六割と會社側の改正支給額三割五分を互ひに一歩も讓らないため人夫百十九名は十九日から一齊に罷業することゝなり會社にては線路工夫五六名をもつて一時代用せしめてゐるが右工夫は鑑札がないため官廳側から抗議が出て目下苗栗方面の苦力を廻はすべく準備中であると

後押人夫罷工的新聞（圖片來源：〈臺灣軌道會社臺車苦力百十九名十九日より一齊罷業〉，《臺灣新報》，一九二八年十一月二十日，五版）

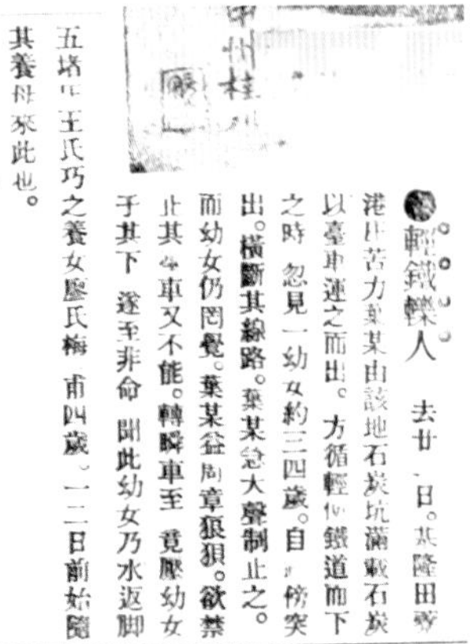

●輕鐵轢人　去廿一日。基隆田寮港庄苦力葉某由該地石炭坑滿載石炭以臺車運之而出。方循輕便鐵道而下之時。忽見一幼女約三四歲。自傍突出。橫斷其線路。葉某急大聲制止之。而幼女仍罔覺。葉某益周章狼狽。欲禁止其臺車又不能。轉瞬車至。竟壓幼女于其下。遂至非命。聞此幼女乃水返腳五堵庄王氏巧之養女廖氏梅。甫四歲。一二日前始隨其養母來此也。

臺車事故的相關新聞一瞥（圖片」來源：〈輕鐵轢人〉，《臺灣新報》，一九〇八年六月二十六日，五版）

否比私設鐵道來得多？從《臺灣總督府鐵道部年報》的統計資料來看，呈現下圖的結果。我們會發現，在一九三五年以前，人力輕便鐵道的搭乘人數的確多於私設鐵道（一九一一年沒有搭乘人力輕便鐵道的人數統計），但人力輕便鐵道的搭乘人數，似乎並未達到私設鐵道的四倍左右。

搭乘人力輕便鐵道是否真的比搭乘私設鐵道來得危險？

我們或許可以試著以死傷人數與搭乘人數為基礎，進一步計算出平均每萬名乘客的死傷人數。

為什麼以每萬名乘客為單位？在此需要運用一點統計學的小技巧。若以平均「每名」乘客為單位，所計算出的數值會從小數點後面好幾位才開始呈現，例如：一九一一年私設鐵道平均「每名」乘客的死傷人數為〇．〇〇〇〇四八二四人次，如此一來便不容易判讀哪個數

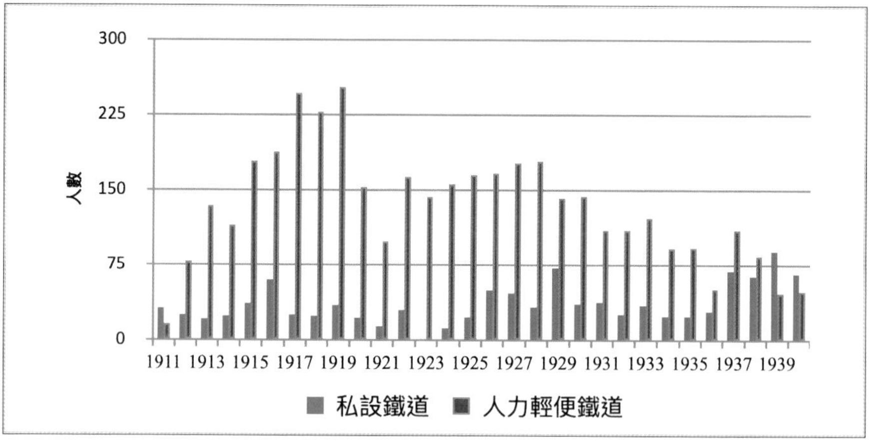

私設鐵道與人力輕便鐵道的死傷人數比較
資料來源：根據各年度《臺灣總督府鐵道年報》製作

值比較高、哪個數值比較低。

上圖就是基於上述邏輯計算出來的結果。人力輕便鐵道每萬名乘客的死傷人數，明顯高於私設鐵道。

若從這兩種交通工具的特徵來看，私設鐵道的安全性比較高，就不會令人感到意外。

令人意外的是，明明私設鐵道搭乘起來相對比較快速、舒適（至少私設鐵道的車廂寬敞許多）、安全，為何人力輕便鐵道的搭乘人數卻還是多於私設鐵道呢？

這是否暗示著，人力輕便鐵道曾經是臺灣社會非常重要的地方交通工具？

戰前，臺灣各主要市鎮都有通行人力輕便鐵道，但因為存在著危險性，每經過一些時日，就會出現將人力輕便鐵道移出市區道路的要求和抗議聲浪。

例如，臺灣五大家族之一的基隆

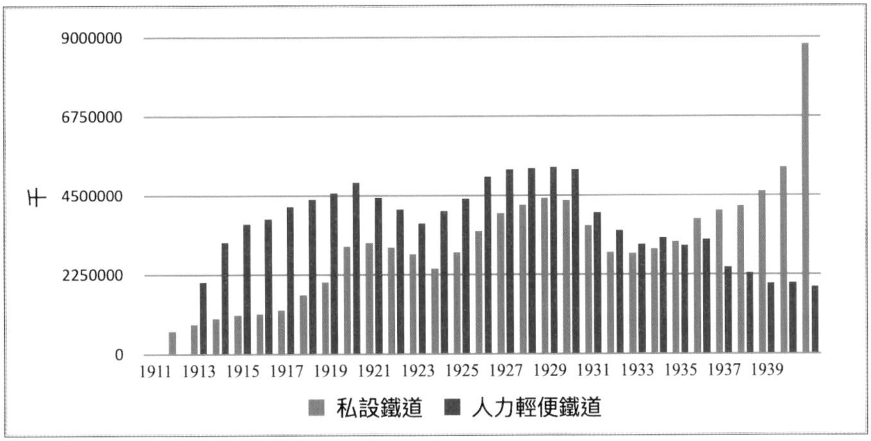

私設鐵道與人力輕便鐵道的客運量比較
資料來源：根據各年度《臺灣總督府鐵道年報》製作

顏家從一九一二年開始經營「基隆輕鐵株式會社」。這家企業在一九一二年提出市區線路鋪設計畫，出身鹿兒島縣、擔任臺中廳技手與稅務課勤務的中條武道就大力反對：「之前已經發生過牛車撞到學生而導致重傷的案例，加上所謂的臺車是專門搬運土砂之用，根本不應該用來載運一般人貨，更不可作為市街交通之用。」

穿山越嶺的利器

雖然臺灣人力輕便鐵道存在著種種缺陷與不足，卻仍然在短時間內帶動地方交通發展的一場小革命。

不論在運輸速度或運載能力上，相較於貧弱不堪的傳統交通手段—人的雙腳（人力肩挑、轎子）與牛車，臺灣人力輕便鐵道都能發揮其優勢。

若與人的雙腳（人力肩挑、轎

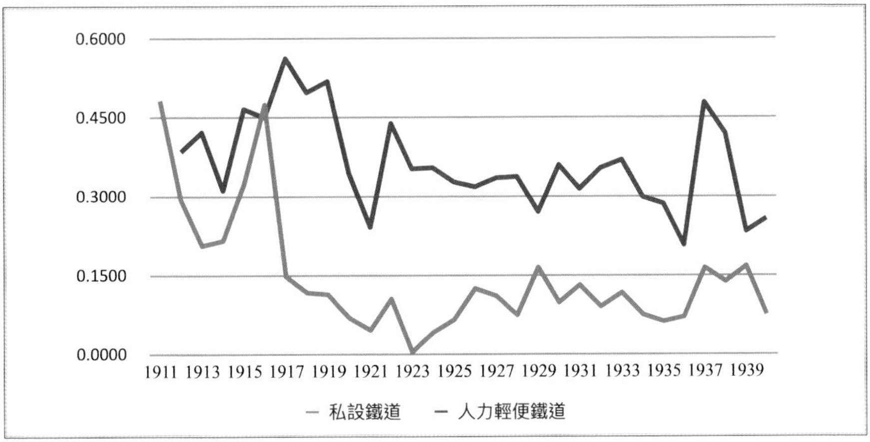

每萬名乘客的死傷人數
資料來源：根據各年度《臺灣總督府鐵道年報》製作

子）比較，人力輕便鐵道運輸速度約超過二．五至四倍、運載能力約超過四至六倍；若與牛車比較，人力輕便鐵道運載能力沒有優勢，運輸速度約超過二至二．六倍。

臺灣人力輕便鐵道更大的本事在於，可以在起伏不定、迂迴曲折的地形穿梭，而牛車只能使用於平原地區。

臺灣人力輕便鐵道的車輛，至少繼承了人車鐵道一個很重要的基因——軸距很短。

軸距是車軸與車軸之間的距離，軸距越短，轉彎半徑越小，這樣的基因讓臺車可以攻克急彎，順便攻克落差較大地形。

為什麼落差較大地形是「順便攻克」呢？這導因於臺車受限於

吳濁流與臺車

臺灣知名小說家吳濁流原本是公學校老師，一九二〇年代初期他被調至苗栗四湖公學校任教。由於學校位於偏避的鄉下，吳濁流必須從苗栗銅鑼搭乘製糖企業的人力輕便鐵道，前往辦理報到。他提到：「四月十四日，我懷著不安的心情，啟程到四湖公學校去……在鐵軌上奔馳的臺車隆隆的聲響，對我膽小的神經構成嚴重的威脅……」

臺車如何會車

在日治時期，臺灣大多數的人力輕便鐵道是單線，所以有「會車」的需求。會車時，有一方必須將臺車搬離軌道，另一方才可以繼續前進。禮讓的標準通常是客車讓貨車、輕車讓重車；因為人員上下車容易，但是貨物搬動就相對耗時，而搬動貨物量小的臺車所需耗費的時間，也一定比貨物量大者來得少。

公開欄

△本欄への寄稿は簡潔なるを要す△紙上匿名と雖ども住所氏名明記の事△取捨掲載は一に編輯者にあり

基隆街輕鐵は撤廢せよ

基隆 中錦 武道

基隆郵便局前から田寮港を經て瑞芳方面に通ずる輕鐵がある而も複線で臺車の通行は實に頻繁を極む本業界の爲め說明すべきことなれども之れに沿ふ郵便局前より田寮港遊廓に到る間は道幅は僅に四間に出てない加之牛馬車、人力車、自轉車等の通行又頗る頻繁なるが上に田寮港及天神町方面より小公學校に通學する多數兒童等の唯一の通路に當り居れば其雜沓は非常なもので危險の甚大なることは申すまでもない故に幾多の死傷者を出し現に先日の如きも一小學生徒の歸途牛車に觸れて大負傷を爲した如き實に輕鐵の交通妨害に原因するのである元來輕鐵はトコーピールと稱し卽ち土工用の運搬車で決して之れを公道に敷設して人、貨の運搬に供すべきものでない況んや交通頻繁なる市街道路に於てをやである今や一日も之れを等閑に附すべきではない速かに撤廢して交通の安全を期さなければならない吾人敢て事を好むにあらざるも貴重なる人命には代へられざれば之が撤廢を斷行されたく有識者の輿論に訴ふるものである

日人官員對於市區人力輕便鐵道鋪設計畫的批判（資料來源：〈基隆街輕鐵は撤廢せよ〉，《臺灣日日新報》，一九二三年六月十四日，七版）

從 1930 年代起，人力輕便鐵道飽受汽車運輸的衝擊，平原地區的人力輕便鐵道快速從歷史舞台消失。但在戰後很長一段時間裡，濱海、丘陵、山區等交通不便的地方，仍可看到這種交通工具，特別是在礦場、林場、鹽田和重大工程的現場（如石門水庫），人力輕便鐵道都扮演著不可忽略的角色。（圖片來源：翁庭華，老街，瑞芳四腳亭，1967，翁庭華提供）

臺灣西南部的鹽田附近大多為水淺，船隻無法靠近，早期只能倚賴人力肩挑或牛車來搬運。在日治時期，臺灣總督府透過補助金的方式鼓勵業者鋪設人力輕便鐵道，而解決了長久以來運輸不便的問題。這張照片正是這段歷史的寫照，說明人力輕便鐵道如何在戰後對社會經濟的發展卓有貢獻。（圖片來源：周鑫泉，鹽田的印象，臺南，1968，夏門攝影企劃研究室提供）

「人」的推力有限，本來只能行經平緩的地形，但由史料文獻與耆老口述得知，臺車在行經陡坡時，可以增加一位推動車輛的人員，等於是以增加「人力」來彌補「動力」上的不足。

如果連增加「人力」都還「力」有未逮呢？臺車可以選擇迂迴的方式繞過去，而且可以選擇緊貼著山澗河谷的方式繞來繞去，不用擔心有「轉」不過去的彎道。

或許很多人都聽過這段故事：臺灣縱貫鐵道是南北兩端同步開工，期間遇到日俄戰爭，因此急忙在南北路段預計銜接的伯公坑（位於苗栗三義）與豐原（舊名葫蘆墩）鋪設人力輕便鐵道，提前「貫通」全線。

這段人力輕便鐵道跨越大安溪河床，而必須克服南北兩端各有一個落差較大的地形。首先是位於北端的伯公坑與大安溪河床的落差約一百公尺，由於落差實在太大，因此只能鋪設兩百公尺長的傾斜索道作為解決之道。

以上是故事的前半段。豐原位於后里臺地之上，與大安溪河床之間也有落差。這段落差比較小，因此鋪設了螺旋狀人力輕便鐵道，讓臺車在短距離從低處爬上高處，最短半徑僅十公尺，每一千公尺爬升高度為十二．五至五十公尺。

一般而言，鐵道車輛過小過彎，半徑是一百六十公尺、每一千公尺爬升高度上限是三十五公尺。兩相比較之下，臺車顯得無比靈活；反過來說，類似螺旋狀人力輕便鐵道的奇妙發想，根本無法應用於一般鐵道交通。

臺灣人力輕便鐵道憑藉其穿山越嶺的本事，曾經牽動著社會經濟發展。

人車鐵道的軸距。陳列於日本鐵道博物館的人車鐵道車廂，軸距明顯短於車廂長度。

臺車的軸距——大溪木藝生態博物館「大溪．探個路：大溪交通運輸發展特展」地方耆老陳善吉為了這次展覽而特別打造這輛臺車模型，在大溪武德殿的展場展出。陳善吉繼承父業，年輕時投入大溪人力輕便鐵道線路的鋪設、維修、養護與車輛製造的工作，是地方知名的臺車師傅。陳善吉先生曾經兩度接受筆者的採訪，受訪時他特別強調軸距短是臺車的重要特徵，這臺模型車輛就是依據實際的比例打造。

臺灣人力輕便鐵道與傳統交通工具的比較

交通工具	時速（公里）	運載量（公噸）
人力輕便鐵道	10-16	0.3
人的雙腳（人力肩挑、轎子）	4	0.06
牛車	4	0.4

資料來源：作者自製

經濟與地方交通發展

臺灣人力輕便鐵道完成軍事目的、大量發放給民間業者經營之後，首先被期待的是補地方交通的不足，特別是東西向交通與東部交通，前面介紹的「桃崁輕便鐵道會社」與「臺灣中部運輸公司」的第一條路線都是東西向，而「宜蘭輕便鐵道組合」則是位於宜蘭。

為何東西向的地方交通成為優先發展的對象呢？這與清代臺灣物產運輸方向為東西向有很大的關係。

眾所周知，臺灣地形南北狹長，西流入海的大小河川在旱季如荒溪、雨季則氾濫成災，少有航行之利，更是南來北往之陸路交通的障礙。

這樣的自然條件，使得西部沿岸各港口從清代以來便單獨與中國大陸對渡，形成各自獨立之經濟圈，臺灣島內市場被切割成若干區塊。每個地區的經濟圈由鹿港、淡水等一個主港口，搭配若干次要港口所組成、每個次要港口，再自行形成一地區性市場圈。

換句話說，在一八九五年以前，臺灣的地區市場圈是以西海岸各港口為中心而建構，其運輸方向乃由東向西輸出各類原料與初級產品，再反向輸入民生日常用品與鴉片等。

此外，臺灣東部的陸上交通更為落後，人力輕便鐵道的適時出現，可以立刻補其不足，帶動區域發展。

之後，隨著南北縱貫鐵道的開通，臺灣島內的運輸主軸逐漸匯聚到這條南北狀的交通動線上；再加上西部沿岸各港與內河航運逐漸淤積，日本殖民政府也刻意切斷臺灣和中國間的貿易，而使得人力輕便鐵道開始以縱貫鐵道沿線各站為連結對象。

傾斜索道

傾斜索道乍聽之下或許很陌生，如果有機會到京都去觀光，一定聽過「蹴上傾斜鐵道」這個熱門景點。

在日文裡，以外來語インクライン來表示傾斜索道，語源是英文Incline，原理是斜坡上方裝置一台機械動力卷揚機，斜坡上鋪設軌道，然後於鐵道上方鋪設鋼索，最後透過卷揚機拉動鋼索，這時將臺車固定在鋼索上，就可以輕易上升或下降。

臺灣的人力輕便鐵道車輛輕便簡易，對於機械動力卷揚機的馬力及鋼索粗細的要求都很低，設置起來很容易，因此昔日臺灣在許多地方都曾經設置傾斜索道。

位於金瓜石某處礦山的傾斜索道裝置，由此可以看到，挖掘出來的煤礦運送到位於斜坡上方的工廠，而且斜坡的坡度相當大。斜坡上鋪設了兩股軌道，軌條與軌條之間有鋼索，行駛於坡道下方的臺車後方有人推押前行，當臺車進入斜坡的軌道，卻不見後方的推車人員，這證明了另有動力在牽引臺車，此一動力即是位於斜坡上方、靠近工廠處的機械動力捲揚機。（圖片來源：絹川健吉編，《金瓜石鑛山寫真帖》，基隆：絹川寫真館，1922）

我們可以想像，一九〇八年以後臺灣人力輕便鐵道的路線，形成以縱貫鐵道車站為中心的放射狀。

臺灣人力輕便鐵道在中部以北有非常高的密度。以一九二二年為例，臺北、新竹與臺中三州合計擁有超過七成的里程、八成的臺車數與九成的貨運量；臺北州所擁有的里程雖略少於臺南州，但擁有冠於全臺達百分之四十七的貨運量。

為什麼臺灣人力輕便鐵道集中於中部以北？可能有兩個原因：第一、中部以北丘陵地多，可以運用輕便簡易的工具特徵，克服各種崎嶇不平的地形。第二、製糖廠在南部鋪設了大量的私設鐵道，因此南部對人力輕便鐵道的需求不若中部以北來得殷切。

從一九三〇年代起，臺灣人力輕便鐵道飽受汽車運輸業興起的影響，以致平原地區的人力輕便鐵道快速從歷史舞台消失。但在丘陵地

螺旋狀人力輕便鐵道。木造橋梁架在遍布鵝卵石的河床上，穿過寬廣的大安溪，再透過螺旋狀軌道爬升到臺地。螺旋狀軌道共有兩線，因此是「複線」，從河床下方前進到臺地的車輛都走左側路線，可知右側路線是提供對向車輛通行之用。臺車上方載滿貨物，後方依稀可見兩位站立的推車人員。（圖片來源：《臺灣寫真帖》，1909）

區、山區等交通不便之處，到戰後還看得到人力輕便鐵道的身影；例如三峽地區的人力輕便鐵道，直到一九五九年才拆除。

長篇小說《陳夫人》描述臺灣農民搭乘臺車的場景

日本作家庄司總一於一九四〇年所發表的小說《陳夫人》，對臺灣文史有興趣的讀者，大概都知曉這部名作。

小說圍繞著臺人與日人的民族認同糾葛。其中有一個鏡頭，便是臺灣農民搭乘臺車的場景：故事主角清子丈夫的兄弟瑞文，因為要去探查分家所得的土地，就和他的哥哥景文一同前往座落於曾文溪畔的某地。他們先搭乘縱貫鐵道然後轉臺車。搭乘臺車時，同車遇到了兩位身上挾著濃厚汗臭味的農夫。其中一位用煙管抽著廉價煙草，另一位咀嚼著檳榔，沿途交談著土地的事情。

這樣的場景似乎意味著，人力輕便鐵道是不分貴賤都會搭乘的交通工具。

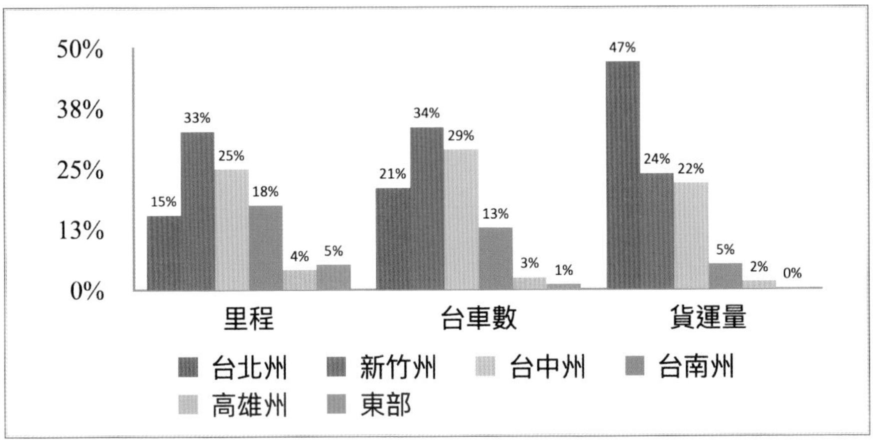

一九二二年臺灣各州廳人力輕便輕便鐵道營運量統計。資料來源：根據一九二四年《臺灣總督府鐵道部第二十五年報：大正十二年度》製作

31

chapter 4

第四章 現代型大眾交通工具：鐵道

所謂「現代型大眾交通工具」，是指進入機械動力領域後的交通工具，一般人會聯想到鐵道、巴士、計程車或電車。

在眾多「現代型大眾交通工具」中，鐵道具有獨樹一格的地位。鐵道不僅是工業革命的產物，更透過快速、大量、長距離運送的實現，支撐著人類工業革命的前進。

起點：劉銘傳的鐵道建設

「現代型大眾交通工具」在何時引進臺灣？這個問題的答案，毫無疑問是清代劉銘傳的鐵道建設。歷史的偶然，讓這段鐵道無法達成貫通全島的初衷，而僅完成基隆到新竹的「區間」，因此成為臺灣最初的「現代型地方交通工具」。

哈利・法蘭克是二十世紀前半葉暢銷旅遊作家，約莫於一九二三年底在臺停留一個月，他對於當時臺灣乘車的秩序有很高的評價。（圖片來源：《福爾摩沙・美麗之島》）右頁・阿里山林鐵登山本線——神木線（攝影：陳映彤）

太平洋戰爭爆發後，臺灣總督府為了推動皇民化運動，特別邀請日本本土第一大報社讀賣新聞的「映畫奉公隊」前來臺灣。他們的任務相當特別——在列車放映電影，為期一個月，首站是松山的臺北鐵道工廠（國家鐵道博物館），然後依序前往臺北、新竹、臺中、彰化、臺南、嘉義、高雄、屏東、花蓮、臺東。（圖片來源：鄧南光，火車上婦女愛國團奉公演習講演，臺北，1940 年代，夏門攝影企劃研究室提供）

轎子比火車快？

一八九五年出任臺灣總督府首任學務部長的教育家伊澤修二，在當年六月某一天從日本搭船抵達基隆，準備前往臺北的臺灣總督府報到。原本在日本很習慣搭火車的伊澤，上岸後第一時間想到的就是到火車站買張車票。這個時候，某位日本鐵道技師卻苦口婆心地勸伊澤：寧可搭轎子也不要搭火車。

伊澤乍聽之下覺得不可置信，心想這個人既是自己的同胞、還是位鐵道專家，一定有什麼特殊的緣故，才會這樣建議自己。於是，伊澤半信半疑地找了基隆港邊的轎夫，坐上了前文介紹的臺灣特有、型制輕巧的轎子。

不論是學術界或坊間輿論，對於劉銘傳的鐵道建設評價都不太好，因為這條鐵道只完成了基隆到新竹路段，再加上傾斜過度與彎曲過大，因此整體的運轉效率不佳。

如果撇開管理不善這個軟體層面的因素，劉銘傳的鐵道建設種種缺陷的根源，應該是與以基隆為起點有很大關係。

這是什麼意思呢？

今天生活在臺灣的人，會覺得南北縱貫鐵道以基隆為起點很正常、很合理，是因為大家都了解基隆是臺灣北部最重要的港口。

但如果我們稍微回想劉銘傳蓋鐵道時的時空背景，就會立刻察覺到不太對勁。

清代中葉以後，臺灣北部最重要的港口並非基隆而是淡水；讓臺灣在開港通商後得以和世界市場連結的茶葉、樟腦等經濟作物，都是從淡水出口。

為什麼劉銘傳堅持以基隆而非淡水為起點呢？

這可以說是他的遠見、也可以說是他的好大喜功。

所謂有遠見的意思是指，劉銘傳的確發現基隆作為港口的條件優於淡水甚多，他也打算進行基隆築港工程，以取代淡水；換句話說，淡水的港口機能終將衰退，這時候縱貫鐵道仍然必須連結到基隆，據以建構出「陸海交通一體」的運輸體系。

所謂的好大喜功是指，當時清朝政府並沒有足夠的財源，來同步推動鐵道與築港兩項規模宏大的工程，劉銘傳卻無視於這一點。

換來的結局就是，劉銘傳的鐵道建設作為劃時代的產物，卻幾乎沒有改變既有的商品運輸模式。商人們，特別是指茶葉商與樟腦商（這兩項商品主要產於縱貫鐵道經過的桃園與新竹）只能繼續尋求內河航

伊澤的轎子出發後沒多久，一列火車吐著白煙從身旁呼嘯而過，正是原本伊澤打算搭的那班車。伊澤頓時懊悔自己為何一開始不堅持己見，但是也只能無可奈何地，繼續搖晃著往目的地前進。

正當伊澤的轎子快抵達五堵時，一個從沒有見過的景象驟然在眼前浮現：一大群衣裝筆挺的乘客正揮汗如雨地推著一台龐然大物，猛然一看，就是剛剛那列火車，正奄奄一息地橫躺在軌道上，接受眾人的「攙扶」。

頓時，伊澤的心情從原本的烏雲密布轉為一片晴朗，而逐漸把這班列車遠遠拋在身後。

運（大漢溪）或沿岸航運（新竹舊港）將商品運到淡水，這是因為大型船舶無法停靠基隆港、商品無法從基隆港出口。

縱貫鐵道臺北市區路段的難題

臺北在清末成為首要都市，劉銘傳所興建的基隆新竹段鐵道完工後，鐵道就貫穿了這座城市。日本殖民者在劉銘傳建設的基礎之上所完成的縱貫鐵道及其支線淡水線，再將臺北市區切割成三大部分。

理論上，都市發展與鐵道是相互依存、相輔相成的，這可證諸世界各主要都市的發展歷程。不過，隨著臺北市區人口成長與各式車輛的增加，橫亙在平面空間且與道路相互交錯的鐵道，反成為都市交通發展的一大阻礙。

一八九九年縱貫鐵道興工之際，臺北市區人口僅有一萬兩千多戶，

未使用劉銘傳鐵道建設運送樟腦的歷史證據

一八九六年四月三十日，臺灣總督府民政局殖產部官員——月岡貞太郎奉命到新竹沿山地區進行林業資源調查。

月岡在調查報告〈新竹地方林業視察復命書〉裡繪製了一張示意圖，標題是「新竹地方樟腦運動之圖」，翻譯成中文是「新竹地區樟腦運輸路線圖」。月岡將新竹地區的河川、行政區域界線、鐵道、市街、樟腦生產地等標示出來，再以箭頭（見圖中紅色圓圈處）輔以簡易文字，說明樟腦運輸的路線。

我們可以清楚看到，樟腦運送到淡水的過程中，並未使用劉銘傳的鐵道建設。

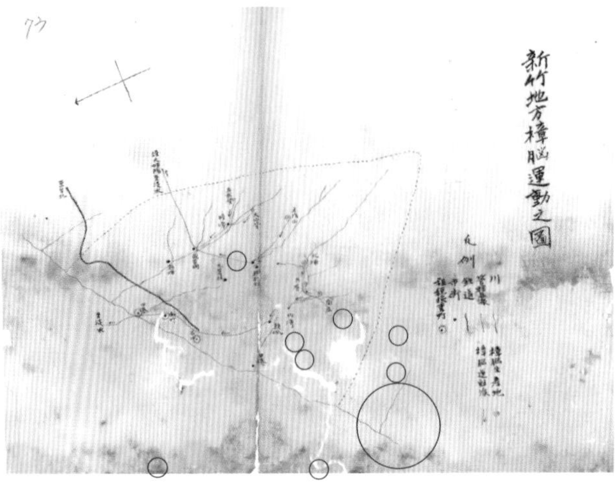

一八九六年新竹樟腦運輸路線示意圖（圖片來源：月岡貞太郎，〈新竹地方林業視察復命書〉，《臺灣總督府公文類纂》，殖產門山林原野類，一八九六年九月十三日）

一九二〇年代末期已達到二十五萬多人，全市有平交道十餘處，列車與汽車或自行車的事故頻傳，該如何解決這個問題？鐵道的高架化、地下化或者改築郊外，是三大選項。同時，令人感到相當意外的是，一九一九年臺北市區鐵道高架化計畫首次提出，當時是縱貫鐵道全線改良計畫的一部分。後來屢屢提出鐵道高架化的計畫，甚至地下化的呼聲也一度出現。不過根據時任鐵道部改良課長海野斐雄的說法：鐵道地下化所需經費是高架化的數倍，對於夏天酷熱的臺灣而言，地下鐵通車與高溫的問題不易解決，加上臺灣經常有颱風，暴雨季節可能導致的積水問題也難以克服。因此，當時官民輿論的焦點集中在高架化方案。

高架の促進に全力を注ぎたい
鐵道踏切問題も持出さる
臺北市協議會（第二日）
大衆娛樂機關の設備は考慮

臺北市協議會非常強力推動市區鐵道高架化（資料來源：〈高架の促進に全力を注ぎたい　鐵道踏切問題も持出さる　臺北市協議會（第二日）〉，《臺灣日日新報》，一九三五年一月二十七日，七版）

這樣的討論熱潮在了一九三五年進入最高峰，因為該年臺北市舉辦始政四十周年博覽會，大量觀賞人潮讓市區道路變得更為繁忙，眾多平交道成為市區交通的阻礙，特別是連結城內與大稻埕的北門町平交道，以及連結城內與敕使道路的御

臺灣首次鐵道平交道調查

如前所述，因為始政四十周年博覽會的舉辦，讓臺北市區鐵道高架化的討論達到高峰，臺灣總督府鐵道部為了真正掌握平交道對於交通的阻礙程度，選擇在城內與敕使道路（今中山北路、市民大道交叉口）的平交道（當時稱「御成町踏切」）進行調查。

調查的時間點是一九三五年三月六日的上午七點至十二點，調查結果如下：六個小時內開關次數為三十五次、關閉時間達五十三分五十秒，單次平交道關閉時間最短為五十秒、最長為三分十五秒。

資料來源：〈臺北市の鐵道高架鐵道部愈よ本腰十一年度から著工？〉，《臺灣日日新報》，一九三五年三月七日，二版。

成町平交道等處。為此，臺北市協議會、臺北實業會等團體一再向臺灣總督府陳情，希望市區鐵道高架化能早日落實。

事實上，臺灣總督府鐵道部很努力地想完成市區鐵道高架化的工程，但總是無法取得足夠的經費，最終先完成了樺山貨車站的興建。接著中日戰爭爆發，鐵道高架化這種需要花費大量經費的建設，就更不可能實現了。

從高架化到地下化的轉折

戰後，臺北市區鐵道高架化或地下化議論，再度於一九五〇年代中期浮現。諸如，一九五六年，臺北市議會通過申請美援建設地下鐵道的議案，當時規劃東西向與南北向各修築一條路線——東西向為士林新店間、南北向為板橋南港間，擬採省營或市營。

一九五八年十月，在臺灣省政府交通處的指示下，臺鐵擬妥臺北萬華區間高架鐵道方案。一九五九年夏天，臺鐵研擬出：遷移到郊外、地下化與高架化三個方案。到了年底，舉辦一場橫跨中央到地方的「臺北市鐵道車站遷移問題座談會」，一口氣提出六個方案：一、遷移郊外；二、高架化；三、地下化；四、部分遷移郊外；五、取道二重埔；六、沿淡水河邊繞道。

一九六〇年十月十七日，交通部運輸計畫聯繫小組召開臺北市區鐵道改善問題檢討會議，決定由臺鐵針對高架化與沿淡水河邊繞道等兩個方案繼續深入研究。一九六一年十月，行政院指示臺鐵，這個研究案應該由臺灣省政府成立一專門機構負責。

從此以後，臺北市區鐵道計畫納入臺北區交通發展計畫，交由臺灣省交通處主持辦理。

一九六四年八月，聯合國都市計畫專家 Donald Monson 來臺，認為僅第二案高架鐵道及第五案取道二重埔較為實際。經數度會商後，臺北市區鐵道改善原則上決定採用第五案：松山臺北間採用立體交叉、臺北板橋間繞道二重埔。此方案後來因為無法配合防洪計畫而被迫擱置。

一九六六年八月，臺灣省政府再次要求臺鐵研究：高架化、二重埔案、地下穿越中興橋三個方案。臺灣省政府交通處於當年十二月邀集有關單位決議：沿河案因水患問題，暫不考慮；高架案（臺北萬華間）位於中華路西側與中華商場間之中線上；過河案修正不繞二重埔改經港嘴村（今名江翠）直驅板橋。另外提出：松山萬華區間高架化及地下化兩大方案。

一九六七年九月，國際經濟合作發展委員會應交通部之請，臨時

世界最早的都市地下鐵道（Subway / tube / underground）

世界最早的都市地下鐵為英國倫敦的 Metropolitan Railway，一八六三年一月十日開始運營。

原本倫敦都市鐵道終點站位於住宅區的周邊，若要進入市中心就必須轉乘公共馬車，這往往造成都市內部交通雜沓現象，有些區域連進入都有困難。然而，若強行將鐵道往市中心延伸，勢必破壞既有的都市建設與都市風貌，因此地下鐵便成為解決上述交通難題的唯一解方。

當時運行於地下鐵的列車，仍然由蒸汽機關車牽引，為了「排煙」，必須在若干區間將隧道挖出開口，同時駕駛會在發車前盡可能地積存蒸汽，避免在隧道行駛時燃燒煤炭；不過，乘客仍為煤煙所苦。

一八九〇年開始，鐵道電氣化後，地下鐵的煤煙問題才獲得根本性的解決。

直到二次世界大戰結束，歐洲有十個都市、北美有三個都市、南美有一個都市，以及日本、東京與大阪，皆已出現電氣化地下鐵。

值得注意的是，鄰近的日本，是全世界非常早進行地下鐵建設的國家。日本東京銀座線於一九二七年完工通車，全長一四．三公里。一九三三年，大阪地下鐵的御筋堂線與一部分四之橋線（四ッ橋）也接連完工。日本第三個出現地下鐵的都市是作為「中京」的名古屋，一九五七年完工。

二次大戰以前縱橫交錯之美國紐約地下鐵示意圖
（圖片來源：安部邦衛，《地下鉄道の話》，東京：東京市役所，1928）

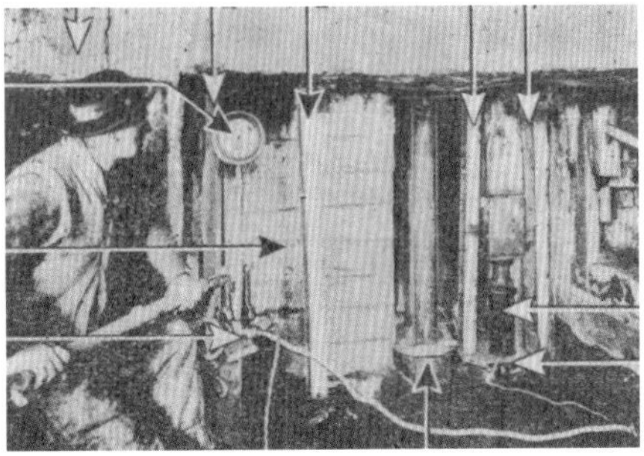

上圖：
二次大戰前法國巴黎地下鐵縱貫圖（地下到地上）（圖片來源：《地下鉄道の話》）

左圖：
二次大戰前美國波士頓地下鐵興建圖（圖片來源：《地下鉄道の話》）

臺灣人的地下鐵初體驗

拜私人日記在近年大量出土，我們幸運地找到了幾則臺人仕紳在一九二〇到三〇年代搭乘國外地下鐵的珍貴紀錄。

林獻堂曾經在世界地下鐵起源地倫敦搭乘地鐵，他在一九二七年八月十二日的日記裡提到：「余因思其事，遂致在地下電車應當下車之處而誤之，頗為驚愕，後復換車，尋至原驛，方得歸寓。」當時林獻堂正在進行環球旅行，當天經過兒子得知一則駭人聽聞的新聞，內容是有人被殺害後，屍體藏在皮箱內，存放於車站置物櫃，這是林獻堂錯過下車地點的主因。

關於在日本地下鐵的搭乘經驗，臺中豐原的張麗俊在

左圖：戰前東京地下鐵道線圖（圖片來源：《東京地下鉄道史．乾》，1934）
右圖：戰前東京地下鐵各個車站出口：上至下依序為銀座、上野、淺草（圖片來源：《東京地下鉄道史．乾》）

一九三五年三月底出發前往日本旅行，四月四日起在大阪一帶遊玩，四月九日提到：「陰天八時，往地下車站坐電車，穿隧道到西宮，仍坐列車到住吉下車，視察白鶴會社製酒工場，其機關運轉裝酒，巧妙難以言語、筆墨形容，午被招待午餐。」

後來，張麗俊轉往東京，四月十八日提到：「後並坐地下行電車回上野驛下車，由隧道行通過鬧市。」

令人好奇的是，不論是林獻堂或張麗俊都是受漢學教育的傳統仕紳，接觸到最先進的交通系統之時，卻未出現出任何驚訝之感。另外，他們的用語是「地下電車」、「地下車站」、「地下行電車」，而非地下鐵。

「東京名物」地下鐵道。提到「東京名物」，馬上印入眼簾的「東京バナナ」，其實身為東亞首條地下鐵的「東京地鐵」，才是真正代表東京吧。（圖片來源：《大東京寫真帖》）

設置「臺北市區鐵路問題專案小組」，委託中國土木工程師學會，會同都市計畫小組組織聯合國專家，負責研究改善臺北市區鐵道之可行方案。

研究工作從一九六七年十一月開始，一九六八年四月提出《臺北市區鐵路問題研究初步報告》。此一報告載明可行方案有：一、原線高架化（華山新店溪間、臺北圓山間）；二、縱貫線部分改線沿堤高架化（華山江子翠間、臺北圓山間）；三、縱貫線部分改線沿環河南路高架（華山江子翠間、臺北圓山間）。

一九六八年五月二十九日，都市建設及住宅計畫小組在「行政院經濟合作發展委員會」（一般簡稱為經合會）的會議中提出簡報，根據上述《臺北市區鐵路問題研究初步報告》，通過原地高架案。同年八月三十日，經合會呈報行政院後，行政院於一九六八年九月二十六日第一〇八九次院會通過市區鐵道原地高架案（華山新店溪間，臺北圓山間），並於一九六八年十月十六日提報最高會議。

大體上，以上所述種種方案，除了涵蓋高架化與地下化兩大方案之外，還包括將貫穿市區的縱貫鐵道遷往都市邊緣地帶等龐大工程。儘管當時有關單位與學者專家們顯然比較傾向第一方案，也就是將原有路線高架化，因為這是比較省錢的作法；但大家似乎都了解到，只有地下化才是真正的解決方案，因為高架化一直有噪音問題無法克服等各種因素。

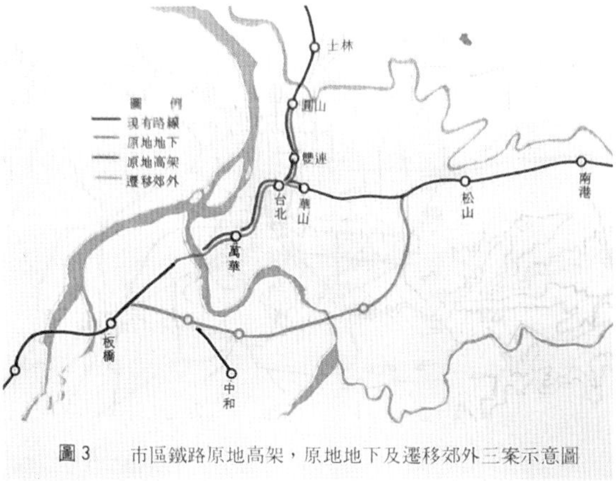

市區鐵道原地高架、地下化及遷移郊外三案示意圖（圖片來源：《臺北市區鐵路問題研究初步報告》）

一九七一年，臺灣旅日工程師應官方要求提出了所謂「臺北車站區域更新計畫」，由時為旅日超高層建築權威的郭茂林博士主持這個計畫。這一年的十一月十日，官方再次在經合會舉行臺北市區鐵道問題的簡報會議。簡報會議開始後，郭茂林開宗明義地提到，選擇臺北車站作為研究對象的動機：一、兩年前他有一次回到臺北，於傍晚走過臺北火車站前的忠孝西路時，發現通行忠孝西路車輛擁擠，幾乎使交通為之癱瘓。他頗有感觸：「不知再過幾年，臺北車站區域的交通會陷入什麼局面。」因此他認為：唯有縱貫鐵道臺北市區路段的萬華車站至華山車站（一九八六年廢棄）、以及縱貫鐵道淡水線臺北車站至圓山車站興建於地下，才最合

市民對臺北都市交通的不滿

一九六五年有人投書報紙：「每次我夾在人群車輛之間，站在中華路的鐵道岔口，等候黑煙濛濛的火車通過，便不免有些感慨。這全市最精華，商業價值最高的中心，還允許這前世紀的遺物晃來晃去。一天不知有多少萬人浪費多少寶貴的時間，在各鐵道岔口等候這遺物過去。」

哪個方案最划算、最快速？

原地高架、地下化與遷移郊外這三個方案，所需經費與工程時間的差別有多大？如同下面這個表格所顯示，地下化方案是最花錢，即使把鐵道用地處分所得一併計算，預估經費達到新台幣六五．三四億元。這個金額約為遷移郊外方案的兩倍、原地高架方案的六倍。所需工程時間方面，地下化要十年以上，原地高架與遷移郊外則分別是四年與六年。

總體來看，原地高架方案是最划算也是最快速的一種。這或許是當時政府選擇此方案的重要因素吧。

乎經濟價值。

因此，根據旅日臺籍工程師的建議，一九七二年行政院正式宣告擱置所謂縱貫鐵道臺北市區路段高架化方案，並著手評估地下化的可行性。

一九七四年，臺鐵正式選定美國巴森斯顧問公司，來臺灣進行縱貫

市區鐵道原地高架、原地地下化及遷移郊外三案的經費與工程時間表

方案	經費（新臺幣：億元）			鐵道用地處分所得（新臺幣：億元）	不足經費（新臺幣：億元）	工期（年）	長度（公里）
	鐵道工程	公路配合	小計				
原地高架	13.08	無	13.08	11	11.08	4	7.7
遷移郊外	50.07	23.64	73.71	37.15	36.56	6	14.34
地下化	76.34	無	76.34	11	65.34	10.14	10.14

資料來源：根據《臺北市議會第一屆第三次臨時大會議事錄》（1970 年 4 月 20 日）製作

鐵道臺北市區路段地下化工程規畫的研究工作。一九七九年，行政院正式核定縱貫鐵道臺北市區路段地下化方案，負責規劃的中華工程顧問公司為此先後派人赴國外考察地下鐵工作的施工技術與方法。一九八三年，交通部成立「臺北市區地下鐵路工程處」；一九八四年，臺北地下鐵工程正式啟動。

臺北市區鐵道從高架化到地下化是一突然的轉折，臺北市議會對這件事情的質詢與答覆，似乎透露出此一轉折背後的原因，在於當時政府意識到高架化無法根本解決問題。

在第一屆第四次定期大會，范博超議員提出質詢：

第九題關於交通方面的問題，本席還有一點要請教市長，鐵路經過臺北市區阻礙了公路交通是一項困擾的問題，上個月我國旅日工程專家郭茂林博士，他是市長在工專的先後同學，他為第六十年度中國工程師年會提出臺北區火車站的更新計畫，其內容相信市長比我們更瞭解。要解決臺北市的交通問題，若將鐵路高架是落伍了，要改道也有困難，郭博士提出的是地下電車的辦法，希望市長能擊促成這個計畫。

當時高玉樹市長回答：

在近代，置鐵道於平面上，等火車或電車來時把平交道封鎖起來，這是落後的做法，先進都市在交通擁擠前就要把鐵道放在地下或予以高架。以前初步計算，走地下的工程費要比高架高上十倍左右，因為走地下就要電化，不能用柴油車，但現在情況不同了，無論是高架或地下，鐵路局已經決定電化了，這種情形下到底相差多少？剛才所說的旅日工程師郭先生，他是基於愛國的精神，自動作此研究，初步的成案是採用新的方法做，並不必花上幾十億元而只需九億元左右，加上造車場遷移五億元只要十三億餘元左右。上次中央政務委員董委員召集開會，認為有研討的必要，現在正由交通部王次長召集一小組在研討中，若中央的決策是要做時，臺北市交通的大問題就有解決的希望，假如中央不做時我們就得再忍耐這交通上的不方便，這要看中央的決定。

范伯超議員接著說：

既然郭博士的計畫可行，希望市長多向中央聯繫，這不僅是一百八十萬市民的福利而且對國家的進步及未來的發展有很大的關係。

高玉樹市長回答：

現在有個好消息，就是本來是決定不做了，中央又下令研究提出有效的辦法解決北門口的交通問題，我們開始研究，高架的辦法搞得很複雜也只能解決一半，後來中央認為這樣也不是辦法（中略）這對臺北市來說是有鼓勵的消息。

一九八七年七月二十日，臺北鐵道地下化正式通車，為了搭配此一工程，板橋、萬華與臺北等三個車站均建新車站。隔天凌晨零時十分，萬華舊站開出了最後一班地上列車，象徵著臺灣鐵道交通邁入新紀元。

Aloha：漂洋過海而來

糖業鐵道是臺灣很重要的文化資產。從二十世紀初期開始，糖業鐵道就與人力輕便鐵道共同負擔地方交通的重責大任。後來，人力輕便鐵道先離開了歷史舞台，糖業鐵道轉而與汽車運輸一起維繫著地方的人流與物流，直到戰後仍持續了很長一段時間。

顧名思義，糖業鐵道與機械製糖業有很大的關係，但為何機械製糖業者會想到利用鋪設鐵道來節省原料與砂糖的運輸成本？

原來，世界重要甘蔗糖產地的中南美洲——古巴，早在一八三七年就已經開始使用鐵道運輸於糖業生產。古巴和臺灣很像，原始狀態中的陸上交通與內河航運都很不發達，西班牙人殖民統治古巴之後，雖然致力發展當地的製糖業，卻受限於交通條件而無法大規模生產。後來蒸汽鐵道隨著產業革命而問世，西班牙人將其引進古巴，這樣一來，不僅解決了當地製糖業原本面臨的困境，還大幅改善了古巴的

臺灣創舉：地下鐵工程

臺北市地下鐵工程共分四期，歷時二十八年，工程經費新臺幣一八〇八億元，並為日後的大眾交通捷運系統（MRT）預留了銜接機制。

臺北市地下鐵工程面臨很大挑戰，因為臺北市地質條件不佳，又是緊鄰鐵道及大樓旁施工，臺灣工程界普遍缺乏施工經驗，這是自始自終反對鐵道地下化方案的人所抱持的重要理由。當時，臺鐵尋求德國顧問公司（DEC）的技術協助，所有設計及施工則由臺灣本土團隊執行，這是為了技術轉移及提升國內工程水準；同時，此一施工技術與經驗的升級與累積，後來被用於大眾捷運工程之推動。

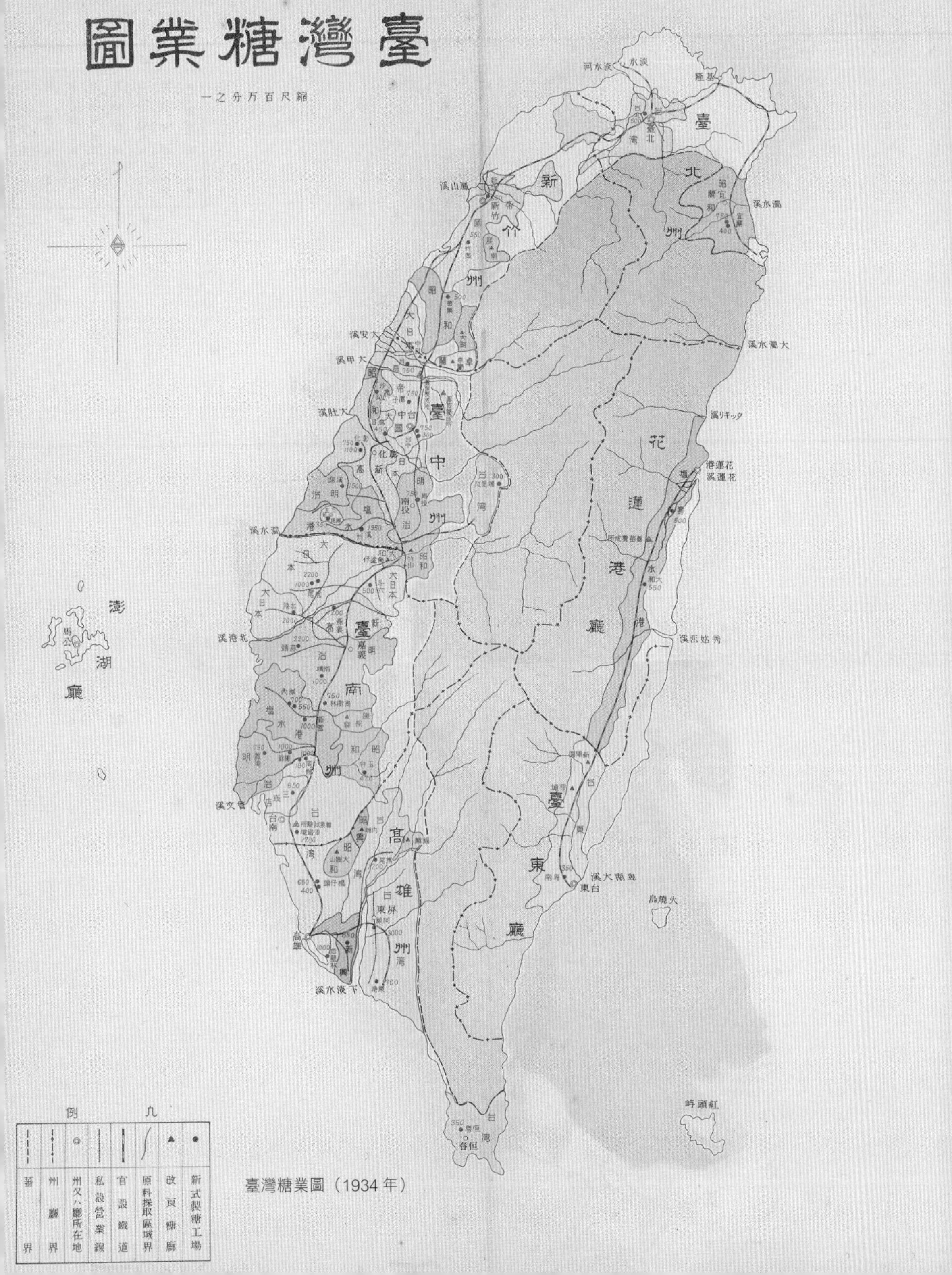
臺灣糖業圖
縮尺百万分之一
凡例
新式製糖工場
改良糖廍
原料採取區域界
官設鐵道
私設營業線
州又ハ廳所在地
州廳界
蕃界
臺北州
新竹州
臺中州
臺南州
高雄州
花蓮港廳
臺東廳
澎湖廳
淡水河
基隆
濁水溪
鳳山溪
大安溪
大甲溪
大肚溪
大濁水溪
北港溪
曾文溪
下淡水溪
花蓮港
花蓮溪
秀姑巒溪
卑南大溪
火燒島
紅頭嶼
馬公
台南
高雄
台東
恆春

臺灣糖業圖（1934年）

陸上交通系統，古巴的糖業鐵道很快就形構出一張網狀路線。

「古巴經驗」很快地傳播到整個拉丁美洲及鄰近的夏威夷。

臺灣第一家機械製糖廠是臺灣製糖株式會社所完成，時間點是一九〇二年。臺灣製糖株式會社蓋好製糖廠之後，同樣面臨運輸原料與成品的問題。這時正值軍用人力輕便鐵道撤廢風潮，臺灣製糖株式會社就在這年二月八日，透過臺灣總督府向軍方借得六．四公里軌條，築成兩條路線。後來，其他機械製糖業者也效法臺灣製糖株式會社的作法，在自家工廠附近鋪設人力輕便鐵道。

一九〇五年六月十一日，臺灣製糖株式會社專務董事山本悌二郎率領機械、化學、農務三個部門的技師，前往夏威夷考察。他們發現當地會利用小型蒸汽機關車來運送甘蔗，不僅速度快、運載量也比較

日治時期橋仔頭糖廠和糖業鐵路（圖片來源：維基百科，屏東臺灣製糖本社）

高。

回到臺灣後，他們便在繳交給公司的考察報告中建議修築糖業鐵道。

臺灣製糖株式會社內部經過一番討論後，決定在橋仔頭工廠試鋪一小段鐵道，嘗試運轉的效果，後來證明勝於人力輕便鐵道，便決定向臺灣總督府申請鋪設蒸汽鐵道。一九〇七年二月獲得臺灣總督府許可，同年十一月，與橋仔頭工廠共築成製糖鐵道五線，成為臺灣糖業鐵道的嚆矢。

臺灣製糖株式會社的做法再次引起其他機械製糖業者紛紛仿效，臺灣製糖鐵道很快地在臺灣普及開來。但是，專門提供一般大眾使用的「營業線」，里程平均約五百公里，在一九一九年之後幾乎沒有增加；相對而言，專供企業運輸原料與商品之用的「專用線」，從一九一〇年開始一路增加，到了一九三七年已超過兩千公里，約為「營業線」的四倍。

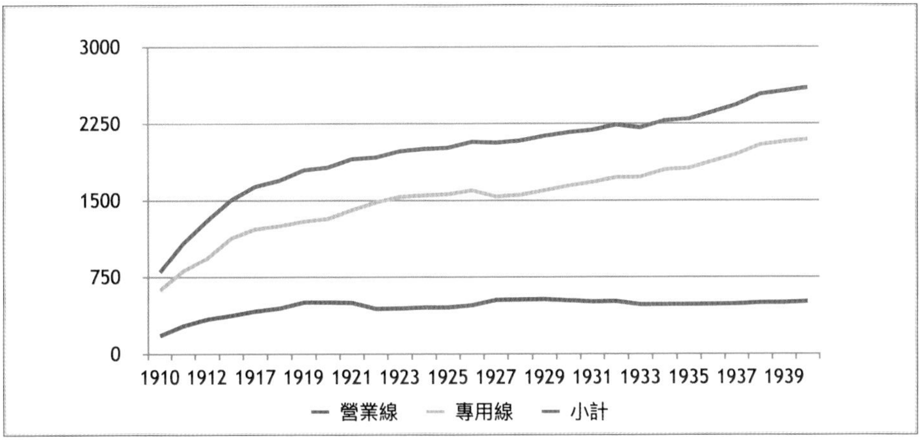

臺灣製糖蒸汽鐵道營業里程統計（單位：公里）

然而，製糖鐵道原本不打算開放給一般民眾使用。

一九〇八年，臺灣總督府制定了《臺灣私設鐵道規則》。我們可以將這部法規理解為臺灣民營鐵道的管理規則，也就是說，臺灣總督府將這些製糖鐵道定位為民營交通工具。

有了這部法規，臺灣製糖鐵道從一九〇九年開始提供給一般民眾使用，老一輩臺灣人回憶中搭乘糖廠「五分車」通勤、通學、旅遊、外出等畫面，才有可能實現。

同時，正因為有這部法規的存在，「私設鐵道」或「私鐵」才成為製糖蒸汽鐵道的代名詞之一。不論是「私設鐵道」或「私鐵」，還包括不屬於製糖蒸汽鐵道，而由民間所經營的鐵道，將於後文詳細敘述。

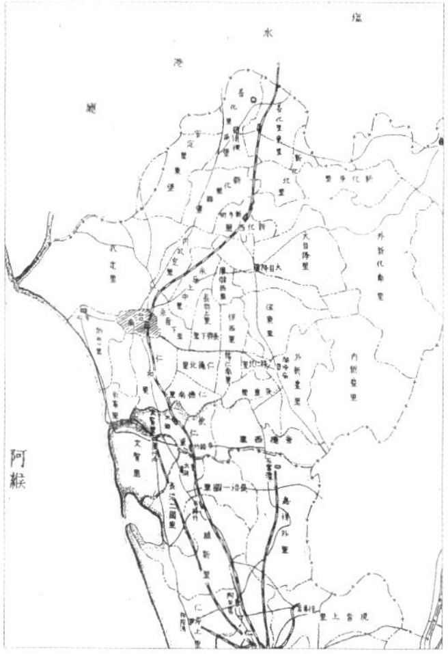

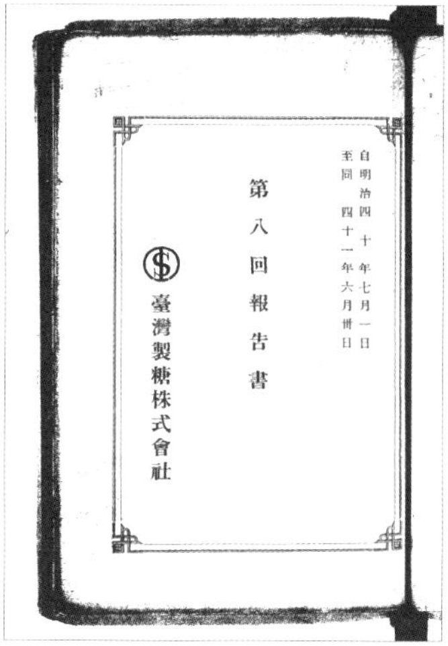
自明治四十年七月一日
至同四十一年六月卅日

第八回報告書

臺灣製糖株式會社

1907年，臺灣製糖率先開啟糖業鐵道的鋪設，在該年度營業報告書中附上繪製了相關路線的地圖，是研究相關課題彌足珍貴的圖資。（圖片來源：《臺灣製糖營業報告書》）

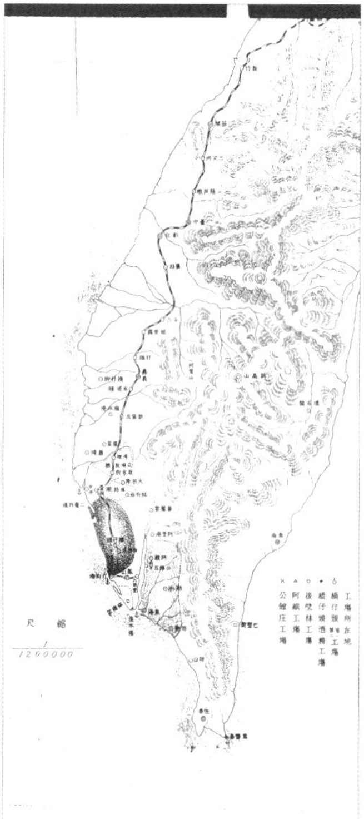

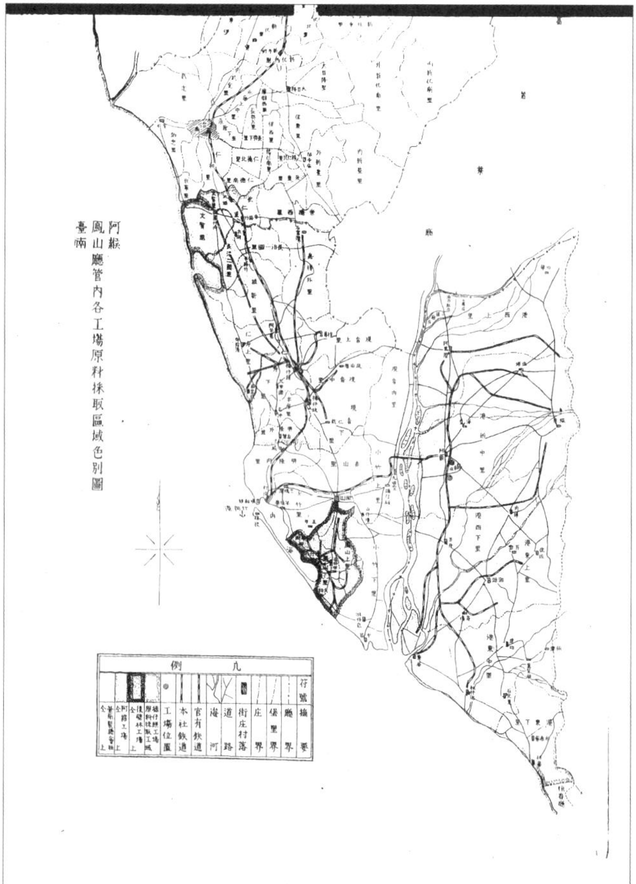

打算一魚兩吃的臺灣總督府

表面上看來，臺灣總督府試圖將製糖鐵道的功能擴大，提供一般民眾使用，這樣的想法很直接，而且合理。但對日本近代鐵道史略有涉獵的讀者，可能就不這樣認為。

其實近代日本鐵道交通是由民營資本力量發展起來的，這些日本民營鐵道公司早在一八九五年以前，就對地方交通發展很有貢獻。當臺灣總督府看到製糖蒸汽鐵道出現後，腦海中立刻浮現的，可能就是日本民營鐵道穿梭在各地的身影。因此，一九〇七年臺灣總督府鐵道部期盼：「未來這些製糖鐵道若開放給一般民眾使用，它們就會像縱貫鐵道的支線一樣，往地方鄉鎮村落延伸，而有助於地方開發。」

《臺灣私設鐵道規則》也是仿照日本本土民營鐵道管理法規的《私設鐵道法》，也就是說，臺灣總督府想把日本明治維新以來管理民營鐵道的那套方法照樣搬來臺灣。然而，對象卻是原本只被期待協助製糖業發展的製糖蒸汽鐵道。

載運甘蔗的臺灣製糖株式會社列車（地點位於新營）
（圖片來源：臺灣製糖鐵道網站）

老一輩臺灣人記憶中的「五分車」

前文提到，在老一輩臺灣人的記憶裡，製糖鐵道又叫「五分車」。為什麼呢？理由與製糖鐵道的軌距有關。

一般而言，鐵道軌距以四呎八吋半（一四三五公釐）為標準軌，臺灣製糖蒸汽鐵道以兩呎六吋（七六二公釐）為主，大約是標準軌的一半，因此稱為「五分」。

一九五〇年，臺糖員工在自家發行的《臺糖通訊》中寫道：「據我所知，糖鐵每日旅客運輸人數逾四萬人，貨物逾三千公噸，這些旅客和貨物多半是經由省鐵（與糖鐵）聯運的。在那些旅客當中，每天到城市通學的中小學生約占五分之一，糖鐵對這些學生更是萬分優待，中學生只按普通旅客票價的百分之五、小學生百分之二．五收費，幾乎等於免費運送了。」

《臺糖通訊》是認識戰後臺灣製糖業或糖業鐵道非常重要的歷史文獻，其重要性在於其登載的內容多屬臺灣糖業公司的內部經營資訊，而且出版時間從一九四七年五月發刊以來，至今未曾中斷。

《臺糖通訊》登載哪些與糖業鐵道有關的資訊？除了營收、建設、橋梁之外，還有各類型與鐵道運輸與鐵道建設相關的專論。

二次大戰後持續活躍的臺灣糖業鐵道（圖片來源：《臺糖通訊》雜誌）

縱貫鐵道的戰備輔助線

一九四七年一月，國省合營的「臺灣糖業股份有限公司」成立，接收了戰前各製糖業者的糖業鐵道。但這些糖業鐵道卻彼此皆未連接，大致上可以臺灣中南部之大甲溪、大肚溪、濁水溪、曾文溪等以自然地理為界線，區分成若干東西向網狀路線。

一九五〇年，國府正式指示臺糖公司，貫通東西向網狀路線，成為南北縱貫鐵道的戰備輔助線，並以臺中為起點，途經南投、溪州、虎尾、大林、嘉義、南靖、新營、學甲、蕭壟、西港、鳳山到達高雄，全程約二六〇公里。

戰後初期，臺灣糖業鐵道的經營歷經一番艱辛，一九五五年開始轉虧為盈。隨著臺灣經濟發展、汽車客貨運輸普及，加上轎車、摩托車等個人交通工具愈來愈普遍，從一九六〇年代起，臺灣糖業鐵道逐漸面臨經營困境。於是，臺灣糖業公司選擇放棄客運，致力於發展貨運。

一九七〇年以降，臺灣糖業公司停辦了二十四條專營一般客貨的營業線，在一九八二年停辦最後一條營業線，一般民眾搭乘「五分車」通勤、通學的畫面，就很難再看到了。

二〇〇四年底，臺灣糖業公司仍保有糖業鐵道一五五二公里，比戰後初期大幅減少約一千四百多公里，僅作為尚在開工之工廠原料副品運輸之用。

北港媽祖進香與搶客風潮

打從我們的祖先「越過黑水溝、唐山過臺灣」，就把進香這項習俗帶到臺灣。

長期以來，進香成為這塊土地上

卡車採收與運輸甘蔗

當臺灣糖業公司逐漸廢除糖業鐵道之後，開發了卡車直接採收與運輸甘蔗的方法，並企圖利用撤廢的軌道路基作為道路，只是成效不顯著。

正在採收甘蔗的專用卡車（圖片來源：《臺糖通訊》雜誌）

的人最主要的休閒活動。嘉義北港朝天宮與臺南南鯤鯓代天府，都是清代以來進香規模最為盛大的廟宇。

日本殖民統治臺灣之後，隨著人力輕便鐵道與蒸汽製糖鐵道等地方交通工具的出現，進而與縱貫鐵道搭配，大幅提高了人們移動的便利性，讓進香活動突破清代既有的規模，許多寺廟也藉此躍升為全臺信仰中心。

這些寺廟當中，嘉義北港朝天宮是最典型的代表。

一九一三年，臺灣總督佐久間左馬太前往北港朝天宮，以此為契機，吸引了大批人潮前往參拜。一九〇七年起陸續鋪設的人力輕便鐵道與蒸汽製糖鐵道，成為集結人潮的重要「交通手段」。

一九〇七年，兩位臺人地主林慶生與江文蔚集資三萬日圓，成立了「打北春龍輕鐵公司」，並鋪設今天嘉義民雄（打貓）到北港的人力輕便鐵道。

他們鋪設人力輕便鐵道的目的之一，就是期待前往北港朝天宮參拜的香客所帶來的利潤。

《臺灣日日新報》曾經報導：「北港媽祖廟在臺灣非常有名，每年的一、二月都有來自北部的桃園、新竹與南部的臺南、高雄等地的香客，每天絡繹不絕。在這條打貓到北港的人力輕便鐵道開通後，對於這些香客來說，將會非常便利。」

後來，日本人所經營的製糖企業，不僅在嘉義地區鋪設蒸汽製糖鐵道，還投入了這場香客搶奪大戰。

一九一一年，「北港製糖株式會社」鋪設北港通往嘉義的蒸汽製糖鐵道，稱為「嘉義線」；「大日本製糖株式會社」鋪設北港通往斗南的蒸汽製糖鐵道，稱為「他里

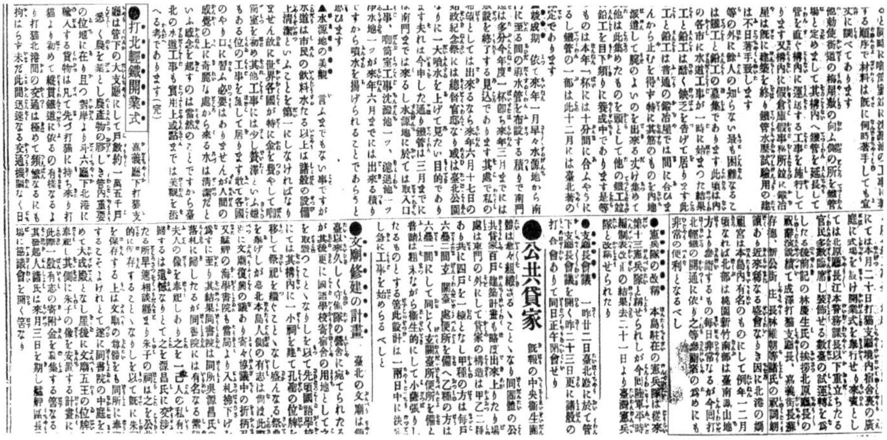

●打北輕鐵開業式　嘉義廳下打貓支廳は管下の大支廳にして戸數約一萬五千戸悉く農を業とし農産物の夥しき管內重要の位地に在り且つ對岸より斗六廳下北港に輸入する貨物は凡て先づ打貓に持ち來り打貓より初めて縱貫鐵道に依るの有樣なるより打貓北港間の交通は極めて頻繁なるにも拘はらず未だ此間迅速なる交通機關なく日

關於打北春龍輕鐵公司開幕式的新聞報導（圖片來源：《打北輕鐵開業式》，《臺灣日日新報》，一九〇七年十月二十四日，二版）

打北春龍輕鐵公司創辦人：江文蔚

在臺灣總督府編纂的《臺灣列紳傳》裡，可以看到江文蔚的生平與家世背景，書中也提及他和林慶生共同在北港鋪設人力輕便鐵道一事。

江文蔚　嘉義廳打貓北堡大莆林街六十九番地

江文蔚當世新進一紳士也。其先漳州人。康熙中移住於諸羅地方。力耕于野。尚微未著。祖父大廷以明經進士業隆。從是門第頓增光。父侑春亦儒生。以教授客於臺南。早歿。君即賴老祖父成立。母某氏劬勞最甚。幼而孝順。好讀書。所授章句即時無不能諷誦。祖父歿後。與兄勵志。勤儉守家。其富約六萬金。孳殖不息。明治四十二年三月推薦大莆林區庄長。鞠躬盡瘁克守厥職。翌年廢庄長而改稱區長。仍舊襲職。大正元年八月授紳章。君復企劃地方公益事業。日惟不足。嚮與林慶生佇謀。布設輕便鐵路。以通於北港。以合股公司經理之。自進董督其事務。

打北春龍輕鐵公司創辦人江文蔚（圖片來源：臺灣總督府編，《臺灣列紳傳》，一九一六）

霧線」：「新高製糖株式會社」在一九一四年併購打北春龍輕鐵公司，著手興建新高糖線，稱為「小梅線」。

不論是嘉義線、他里霧線或小梅線，都屬於「營業線」，皆開放一般大眾運輸使用。

自一九一三年起，北港製糖株式會社與大日本製糖株式會社展開削價競爭。一九一四年，北港製糖株式會社推出廟會期間票價折扣方案。新高製糖會社更直接派遣員工到新竹一帶「拉業績」，拉攏當地香客搭乘新高製糖會社的「小梅線」。

縱貫鐵道民營化的爭議

前文提到，近代日本鐵道交通依靠民間資本力量而發展，直到今天，日本各地仍然很容易看到民營鐵道企業的身影，這與戰後臺灣幾乎由國家來經營鐵道事業是完全不

北港製糖株式會社的折扣廣告宣傳

北港製糖株式會社在《臺灣日日新報》買廣告，內容如下：為了對北港朝天宮媽祖「表敬意」，在嘉義線上每個車站到北港的來回車票，都享有百分之二十的折扣。

汽車賃減價廣告

今般弊社對北港朝天宮 媽祖之例祭 爲表敬意自三月一日起至五月三十一日止 嘉義北港間下行 列車依左記方法發賣減價車票祈陸續來乘是荷

一、乘嘉義北港間下行列車自各驛至北港往復者車資減價貳成車票通用參日

各驛發車時間表

嘉義發	北社尾發	牛斗山發	新港發	板頭厝發	北港著
前六、二八	六、三五	六、五五	七、二三	七、三五	七、四五
前一〇、五〇	一〇、五七	一一、一七	一一、四五	一一、五七	一二、〇七
后二、四〇	二、四七	三、〇七	三、三五	三、四七	三、五七
后六、一二	六、一九	六、四三	七、〇九	七、二二	七、三二

但新港驛乃乘繼驛有得參拜新港五媽之利便

北港製糖株式會社

一九一二年北港製糖株式會社北港線降價廣告（圖片來源：〈汽車賃減價廣告〉，《臺灣日日新報》，一九一二年三月三日，五版）

同的。

日本殖民統治臺灣後，日本民營鐵道業者立刻把目光投向殖民地，專程派人來臺灣調查鐵道投資事業的可能性；臺灣總督府考量自身財政力量不夠，也有意引進日人資本家前來臺灣鋪設鐵道。

在臺灣總督府與日本民營鐵道業者雙方一拍即合之下，「臺灣鐵道會社」在一八九六年成立。「臺灣鐵道會社」可說是集合了當時日本本土第一流的民營鐵道業者與企業家。號稱「日本企業之父」的涉澤榮一就曾擔任過臺灣鐵道會社的董事長。

臺灣鐵道會社主要負責縱貫鐵道的興建。

東京（包括橫濱）與大阪等兩大都市的中小企業家，對於臺北到淡水間的鐵道興建有興趣，分別成立「臺北鐵道株式會社」（東京與橫濱）與「臺淡鐵道會社」（大阪）展開競爭。後來在臺灣總督府的要求下，這兩家企業合併為「臺北鐵道株式會社」。

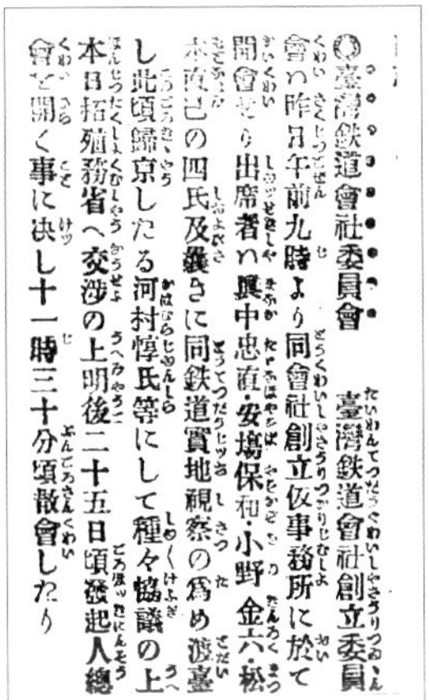

○臺灣鉄道會社委員會　臺灣鉄道會社創立委員會は昨日午前九時より同會社創立仮事務所に於て開會せり出席者は眞中忠直・安場保和・小野金六・松本直己の四氏及曩きに同鉄道實地視察の為め渡臺し此頃歸京したる河村惇氏等にして種々協議の上本日拓殖務省へ交渉の上明後二十五日頃發起人總會を開く事に決し十一時三十分頃散會したり

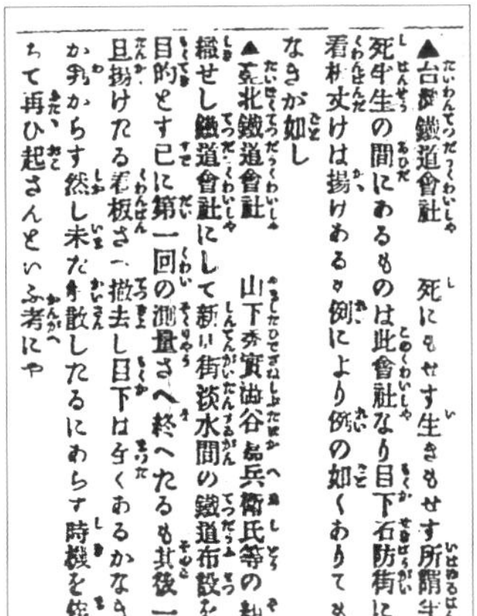

▲台灣鐵道會社　死にもせず生きもせず所謂半死半生の間にあるものは此會社なり目下石防街に看板丈けは揚げあるも例により例の如くありてもなきが如し

▲臺北鐵道會社　山下秀實澁谷兵衛氏等の組織せし鐵道會社にして新店街淡水間の鐵道布設を目的とす已に第一回の測量さへ終へたるも其後一旦揚げたる看板さへ撤去し目下は全くあるかなきかわからず然し未だ解散したるにあらず時機を俟ちて再ひ起さんといふ考にや

臺灣鐵道會社與臺北鐵道株式會社的相關新聞報導（圖片來源：〈台湾鉄道の会社創立委員会〉，《讀賣新聞》，一八九六年七月二十三日；〈諸會社の此頃（二）臺北鐵道會社〉，《臺灣日日新報》，一八九九年二月二日，二版）

然而，臺灣鐵道會社與臺北鐵道株式會社有沒有完成使命？答案是沒有。縱貫鐵道與淡水線後來在後藤新平的手中完成。

兩家企業還來不及動工，就在一八九九年解散了。從此之後，縱貫鐵道與作為支線的淡水線一直都是公營的，迄今未變。

一八九九年以後，臺灣有沒有民營鐵道企業呢？前文介紹的蒸汽製糖鐵道當然是民營企業，所以臺灣總督府便把製糖鐵道歸入「私設鐵道」。

但是，製糖鐵道由製糖企業經營，等於是「兼營」（因為製糖企業的本業當然是製糖），這與臺灣鐵道會社、臺北鐵道株式會社或近代日本民營鐵道企業直接將鐵道營運視為本業，存在著很大的差異。

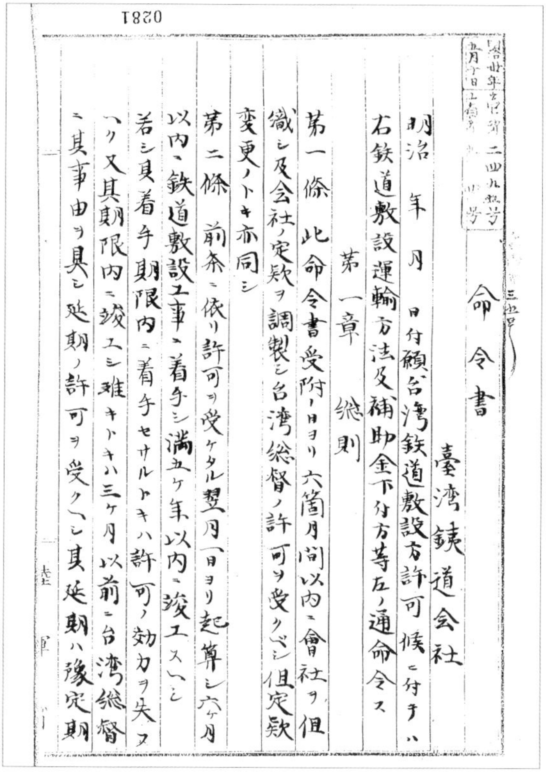

命令書

臺湾鉄道会社

明治　年　月　日付願台湾鉄道敷設方許可候ニ付テハ

右鉄道敷設運輸方法及補助金下付方等左ノ通命令ス

第一章　総則

第一條　此命令書受附ノ日ヨリ六箇月間以内ニ會社ヲ組織シ及会社ノ定款ヲ調製シ台湾総督ノ許可ヲ受クヘシ但定款変更ノトキ亦同シ

第二條　前条ニ依リ許可ヲ受ケタル翌月一日ヨリ起算シ六ヶ月以内ニ鉄道敷設工事ニ着手シ満五ヶ年以内ニ竣工スヘシ若シ其着手期限内ニ着手セサルトキハ許可ノ効力ヲ失フヘク又其期限内ニ竣工シ難キトキハ三ヶ月以前ニ台湾総督ニ其事由ヲ具シ延期ノ許可ヲ受クヘシ其延期ハ豫定期

臺灣總督府給予臺灣鐵道會社的命令書，說明如下：這份命令書要求臺灣鐵道會社必須在獲得官方興建許可後，六個月動工、五年以內完工，但臺灣鐵道會社沒有做到這一點。圖片來源：〈台湾鉄道布設に関する件〉，《壹大日記》，防衛省防衛研究所藏，明治 30 年（1897）5 月

製糖業以外的鐵道公司

在日本殖民統治時代的臺灣，不論官方或民間、日本人或臺灣人，都對設立專營的鐵道企業很有興趣。不過，專營鐵道企業的設立門檻與成本，比民營人力輕便鐵道企業或蒸汽製糖鐵道高出許多，所以大多數的嘗試都無疾而終。

真正展開營運的只有「彰南鐵道株式會社」、「臺中輕鐵株式會社」與「臺北鐵道株式會社」。

「彰南鐵道株式會社」算得上是臺灣人第一家鐵道公司，在地域關係上，與臺灣人第一家銀行——彰化銀行相呼應。

這家鐵道公司的營業區間正如同其企業名稱，是銜接彰化與南投之間，一九一三年決定設立的消息一出，立刻引起彰化商民的興趣；

原本預計招募一萬股，法定資本額定為五十萬日圓，然而承購股票者非常踴躍，至一九一三年的五月已經達到一萬一千五百股，超過原訂的股數。

彰南鐵道株式會社順利在隔年的一月十八日正式成立，展開營運。後來因為業績不若預期，很快地於一九一六年解散。

雖然彰南鐵道株式會社失敗了，但勇於接受現代事務、敢於投資冒險的中部仕紳，很快就在一九一九年再度籌組專營蒸汽鐵道公司——臺中輕鐵株式會社。

臺中輕鐵株式會社成立之際，臺人持有的股份已超過日人，達到百分之六十．八一。

單純從企業名稱來看，臺中輕鐵株式會社似乎是經營人力輕便鐵道，但實際上，臺中輕鐵株式會社與臺北鐵道株式會社的前身都是人力輕便鐵道公司。臺中輕鐵株式會

跨時空地方型蒸汽鐵道的鋪設計畫

現今臺灣社會對於地方型鐵道的認識，或許僅限於臺鐵的幾條支線，如平溪線、內灣線等。

實際上，臺灣民間對於這類型投資計畫，很早就展現出興趣，其中以板橋大溪間的蒸汽鐵道鋪設計畫最受歡迎，橫跨不同政權，總共歷經三波、一波的規模還比一波大：大漢溪河谷沿線蘊藏豐富礦藏，應該是這三波投資計畫的著眼點。

第一波出現在一九一四年，當時板橋林家有獲邀參與，預計投入百萬日圓，敷設二十五磅軌條，行駛十公噸重的輕型機關車。

一九二二年，臺灣人力輕便鐵道的要人赤司初太郎，預計成立資本額達三百萬日圓的「板溪鐵道株式會社」，還打算邀請三井與鈴木等財閥入股。

二次大戰後，當時臺北縣（今新北市）與桃園縣（今桃園市）兩地民意代表與民間人士，屢次建議中央政府與臺灣省政府籌闢板橋到大溪的鐵道交通。

一九五三年十一月九日上午十時，臺北縣議會副議長、臺北縣與桃園縣兩地縣議員以及關西、龍潭、大溪、三峽、土城、板橋等各鄉鎮長及鎮代會主席二十餘人，聚集三峽鎮公所二樓，舉行「板溪鐵路建設促進委員會籌備會」，會中更達成一項重要共識：將板溪鐵路延長經關西接竹東鐵道，讓北臺沿山市鎮串聯在一起。

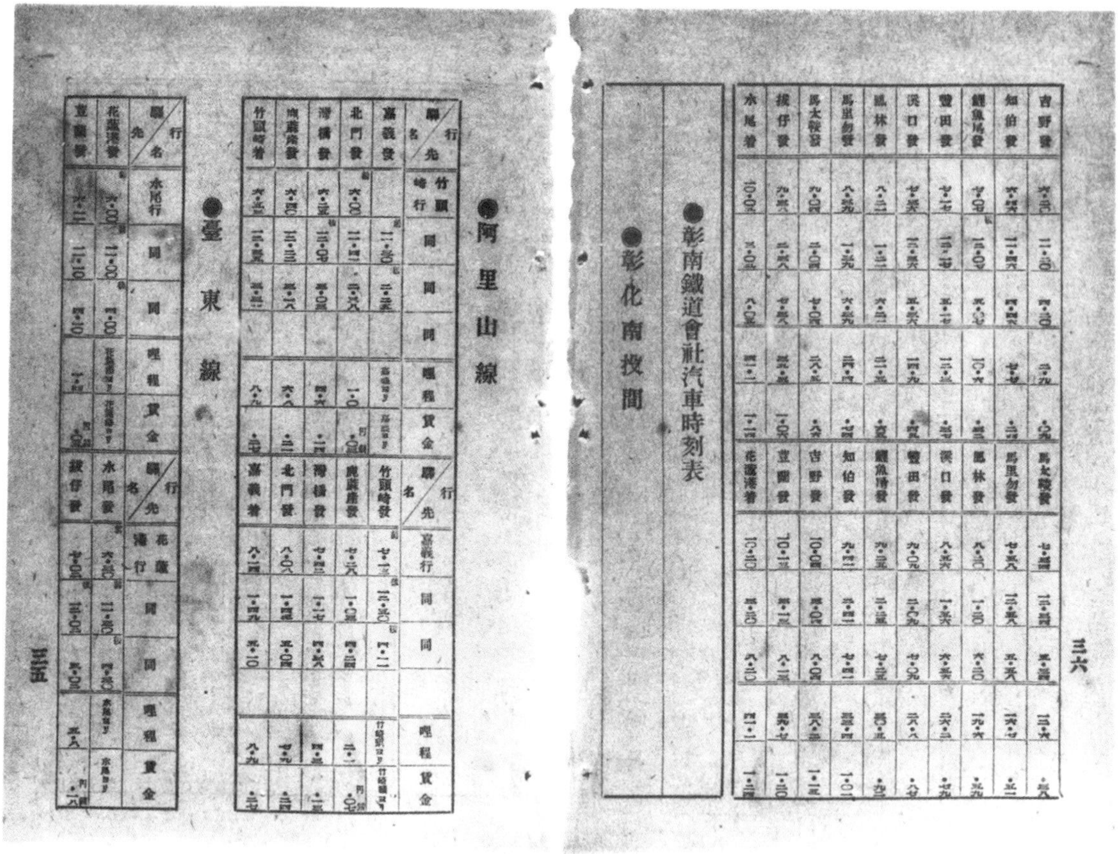

1916 年彰南鐵道株式會社時刻表（圖片來源：橋本白水編，《臺灣旅行案內》，1916）

社是由葫蘆墩輕鐵株式會社、牛罵頭輕便鐵道株式會社、員林輕鐵株式會社三家企業合併而成——中部地區臺人人力輕便鐵道業者的大集結。

這三家企業原本的法定資本額依序為三萬日圓、四萬日圓與十二・五萬日圓，合併之後一口氣擴大為一二二・五萬日圓。

臺中輕鐵株式會社除了繼續經營原有的人力輕便鐵道之外，還在豐原土牛間鋪設軌距二呎六吋的蒸汽鐵道，目的是協助八仙山林場運輸林材。

而豐原土牛線就是八仙山森林鐵道的部分路段（平地線），八仙山森林鐵道為臺灣著名的五大林鐵之一。

最後介紹臺北鐵道株式會社，這是臺灣首家民營都市鐵道公司。

自從工業革命以降，世界各主要都市的發展過程都與鐵道交通息息

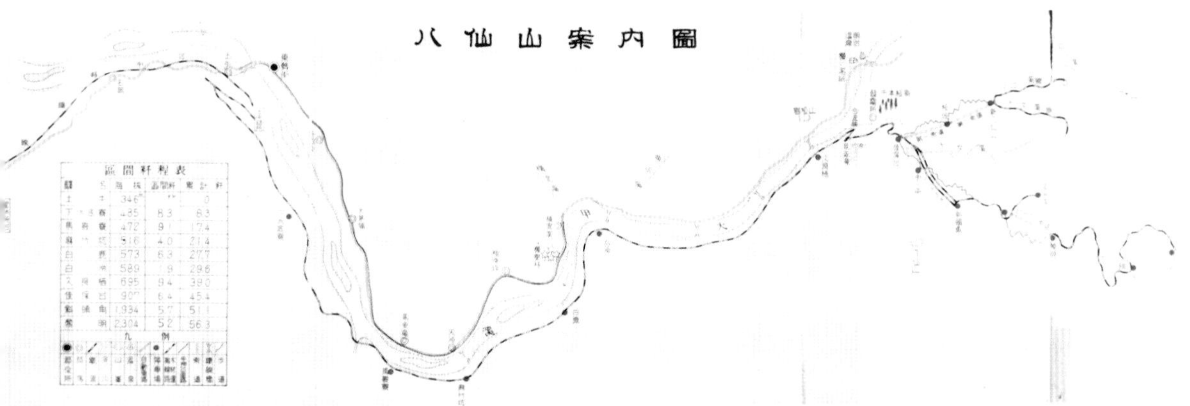

銜接八仙山林場的豐原土牛線鐵道，藍色線框部分為臺中輕鐵株式會社的路線。（圖片來源：《八仙山案內》）

相關。

臺灣首條都市鐵道就是劉銘傳的鐵道，其穿越到都市的核心地區。而臺灣總督府的鐵道建設擴大了都市鐵道的範圍，也就是透過淡水線的興建，連結郊區與市中心。

不過，以上都是由國家權力經營，等於是公營。

臺灣首家民營都市鐵道公司——臺北鐵道株式會社——出現於一九一九年，前身是以日本人為核心組成的臺北輕鐵炭礦株式會社（法定資本額三十萬日圓），也就是鋪設人力輕便鐵道——從現今的臺北市古亭捷運站一帶到新店、深坑到景美。

一九一九年，臺北輕鐵炭礦株式會社的經營者決定改於臺北市區到新店之間鋪設蒸汽鐵道，並繼續經營深坑到景美的人力輕便鐵道，因

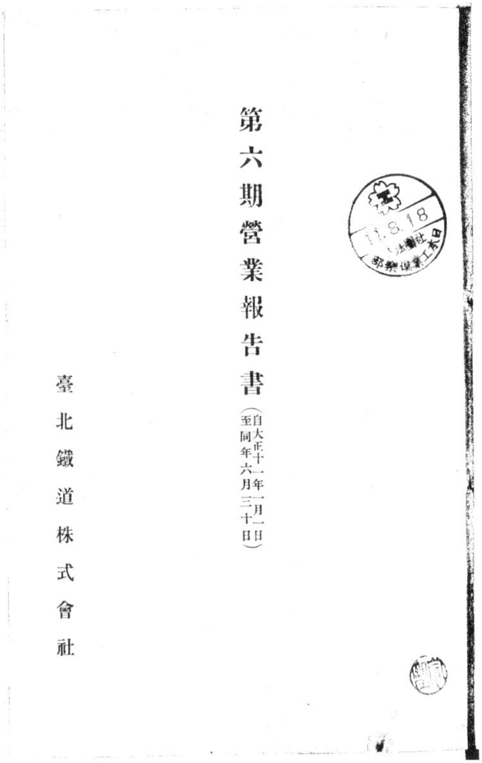
第六期營業報告書（自大正十一年一月一日 至同年六月三十日）

臺北鐵道株式會社

臺北鐵道株式會社營業報告書，其中顯示這家企業同時擁有了「鐵道」、「機關車」、「客車及貨車」、「鐵道器具」、「軌道」、「輕便臺車」等資產。前三者用於鐵道運輸，後兩者則用於人力輕便鐵道運輸。（圖片來源：東京大學經濟學部圖書館所藏營業報告書集成）

此將原本企業的經營規模擴大為法定資本額一百萬日圓，企業名稱改為臺北鐵道株式會社。

同時，臺北鐵道株式會社為了讓臺北市區到新店的蒸汽鐵道能與縱貫鐵道銜接，不僅將臺北市區的起點從古亭延伸到萬華車站，而且使用與縱貫鐵道一樣的三呎六吋（一〇六七公釐）軌距，與蒸汽製糖鐵道普遍使用的二呎六吋（七六二公釐）軌距有所區隔。

縱貫鐵道新店線

戰後，臺北鐵道株式會社所經營的萬華、新店間鐵道，收歸為臺灣省鐵道管理局所有，改以縱貫鐵道新店線的身分，在臺北市區奔馳。

臺北市觀光地圖的新店線，1940年。新店線的沿途車站清楚標示在這張1940年的觀光地圖。（圖片來源：《観光の台北》，台北觀光係，1940）

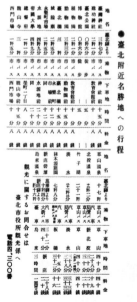

● 臺北附近名勝地への行程

地名	臺北驛より	乘物	下車地	時間	料金
臺灣神社	三粁七分	市バス	神社前	十五分	八錢
建功神社	二粁一分	市バス	教育會館前	十分	八錢
臺北公園	〇粁六分	徒步	—	五分	—
博物館	〇粁六分	徒步	—	五分	—
植物園	二粁一分	市バス	教育會館前	十分	八錢
動物園	三粁三分	市バス	動物園前	十五分	八錢
臺北橋	三粁	市バス	臺北橋	十五分	八錢
城隍廟	二粁五分	市バス	永樂町市場前	十二分	八錢
永樂町市場	二粁五分	市バス	同	十二分	八錢
水源地	四粁九分	市バス	水源地前	二十分	八錢
帝國大學	四粁九分	市バス	同	二十分	八錢
總督府	一粁一分	市バス	榮町一丁目	八分	八錢
龍山寺	三粁	市バス	龍山寺前	十五分	八錢
西門市場	一粁五分	市バス	西門市場	十分	八錢

地名	臺北驛より	乘物	下車地	時間	料金
草山溫泉	十七粁	草山バス	草山	四十分	四十錢
北投溫泉	十三粁二分	汽車 局營バス 草山バス	新北投	二十八分 三十分 三十分	十九錢 二十錢 二十錢
竹子湖	二十一粁	草山バス	草山	四十分（徒步一時間）	四十錢
淡水	二十二粁三分	汽車 局營バス	淡水	[illegible]	[illegible]
林本源庭園	七粁八分	汽車 [illegible]バス	板橋	十五分 三十二分	十二錢 十六錢
新店碧潭	萬華驛より十粁四分 新店驛より約十六粁	汽車 大新バス	三十二分 四十分	新店	二十八錢 二十錢
烏來溫泉		臺車	烏來	三時間	一圓四十錢

觀光に關するお問合せは
臺北市役所觀光係へ
電話四、三〇〇番

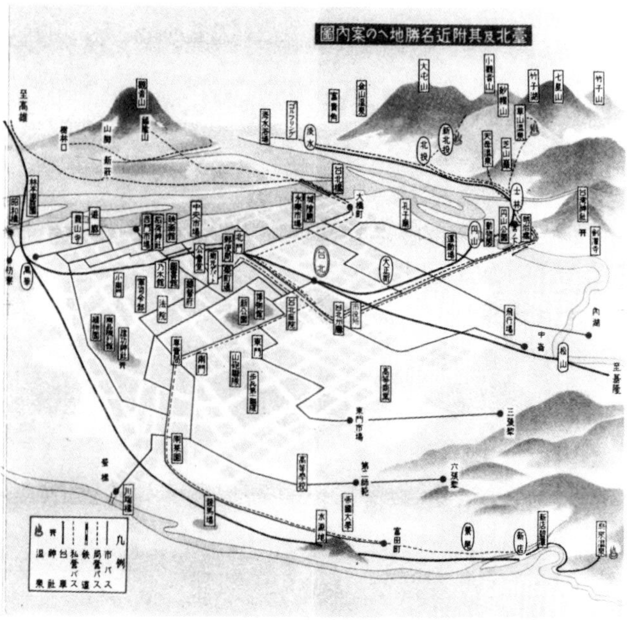

chapter 5

第五章 現代型大眾交通工具：電車

在臺北捷運（MRT）出現以前，臺灣幾乎沒出現過都市軌道交通系統。然而，早在二十世紀初期，臺灣社會已開始思考建構軌道系統，來滿足快速成長的都市交通需求，演繹成一波又一波的市區電車鋪設風潮。此一風潮並未因臺北捷運的興建而結束，反而在近期的「前瞻基礎建設計畫」及各主要都市的「輕軌」（Light Rail Transit）建設獲得延續，橫跨百年以上的時間。

臺北捷運環狀線電聯車（圖片來源：維基百科，攝影：新北市政府捷運工程局，二〇一七年）

臺北捷運文湖線（圖片來源：維基百科，攝影：Subscriptshoe9，二〇一五年）

日俄戰後市區電車計畫的風潮

從世界主要先進國家的經驗來看，都市化現象的出現和都市人口暴增，是對於大眾交通工具需求的重要背景。

第一代大眾交通工具大多是馬車、馬車鐵道等非機械動力者，第二代大眾交通工具則普遍以第一代為基礎改良而來，改良的重點在於導入機械動力。以歐美而言，主要是從馬車鐵道轉型為蒸汽鐵道、電氣化鐵道與市區電車；以日本而言，則是馬車鐵道與人車鐵道，轉型為蒸汽鐵道、電氣化鐵道與市區電車。

蒸汽鐵道和電氣化鐵道除了長距離運送之用，也可做為都市交通工具或地方交通工具。上一章介紹的製糖鐵道、臺北鐵道株式會社、彰南鐵道株式會社、臺中輕鐵株式會社，並不是用做長距離運送。而市

為什麼東京市區電車計畫一開始未通過？

當時日本政府認為：作為鐵道交通主管機關的「鐵道局」還沒有專門的電氣專家，市區電車在歐美也才剛剛起步，可以說帶有相當的危險性，在東京還未市區改正前，貿然將其鋪設於街道，可能將對道路安全帶來危害。

透過日本政府否決的理由，我們可以認識到，直到一八八〇年代東亞社會都不太能接受或認識「市區電車」這項新事物。

最早從美國進口到日本的市區電車（圖片來源：東京日日新聞社，《世界交通文化發達史》，一九四〇年）

昭和年間日本東京市營電車所使用的車輛（圖片來源：《世界交通文化發達史》）

區電車則是專門為了都市交通而產生的產物。

一般而言，不論是使用蒸汽力或電力的鐵道，都必須由機關車（英文是 Locomotive，俗稱火車頭）來牽引車廂；換句話說，車廂本身是沒有動力的。這種做法的優點是運載能力大、速度快，缺點是起步慢、缺乏機動性，因此比較適合長距離運送。

然而，地方交通——特別是都市交通——所需要的是班次密集、機動力高的交通工具，於是人類開發出將機械動力裝設於車廂內部的軌道型交通工具，也就是市區電車：路面鋪設軌道、上方架設電線，讓車輛藉由電線提供的電力自行行駛。

全世界最早的市區電車，出現於十八世紀中期的美國紐約。這股將都市內部的馬車鐵道改良為市區電車的風潮，從歐美吹到東亞的日本

一八九九年荒井泰治的市區電車鋪設構想

一八九九年，荒井泰治在《臺灣商報》論及市區電車鋪設的構想：利用新店溪的水勢營造水力發電，「一來可充電燈之用，一來可充電車之用，如此一來在市內敷設（電車）的話，將會非常便利。」他又指出，臺北道路相較於東京，原本就習慣於以中央作為車道、兩邊供行人行走，因此如果鋪設市區電車，對於原有交通的衝擊將更小。

臺灣商報

一八九九年荒井泰治的市區電車鋪設構想（圖片來源：〈水力電氣談〉，《臺灣商報》，一八九九年十一月二十八日，三版）

和中國，隨後日本再將這股風潮延伸到韓國、臺灣、滿洲國等殖民地。

自一八八七年以降，日本即有東京、愛知、名古屋、大阪等各地人士，包括大倉喜八郎在內，先後提出市區電車的鋪設申請，但未獲得許可。直到一八九〇年第三次內國勸業博覽會，才由東京電燈株式會社根據從美國歸來的藤岡市助技師的設計，在東京上野公園一帶鋪設市區電車，可視為日本市區電車的濫觴。

市區電車從歐美引進日本後不久，日本領有了殖民地臺灣，並進一步將鄰近的韓國納入勢力範圍。很快地，前往臺灣的日人建議，應該要在「島都」臺北鋪設市區電車。後來廣泛在殖民地臺灣展開各項投資、並被稱為「臺灣澀澤榮一」、「臺灣事業王」的荒井泰治，就於一八九九年在《臺灣商報》上投書，力主利用新店溪開發水力發電，並且利用此一電力在臺北鋪設市區電車。

直到日本殖民統治結束，臺灣市區電車鋪設計畫並沒有真正落實。但當時日人企業家或輿論界都期盼臺灣能與日本同步發展市區電車，這件事情是肯定的。

前述荒井泰治的呼籲，在一九〇五年之後獲得回應。

一九〇七年，關清英、安立綱之、田中伊三郎、久米民之助、矢島浦太郎、松本多賀司等十七位日本本土企業家，以矢島與松本為發起人，決定以法定資本額一五〇萬日圓，籌組一家名為「臺北鐵道株式會社」（株式會社即「股份有限公司」）的企業，在臺北鋪設市區電車。全線採「複線」，發電所置於河溝頭街（臺北萬華），所用車輛特許六二三〇號安全式電車五十輛，每輛電車可乘三十五人，車資平均四錢，營業時間自早上五點到晚上十二點。

這些原本與臺灣無甚淵源的日本

臺北市區電車預計經過那些地區？

這家臺北鐵道株式會社預定路線以臺北車站為起點、經過今天館前路至吾妻旅館前（約為臺北館前路一號）之十字巷，分成東西兩線，共約十五公里：

西線：驛傳社前，出西門大路直到新起街，達艋舺直興街，彎過舊街，經水仙宮口街，出臺北醫院前，南折而出南門，以與西折之一線連絡，至龍匣口街二丁目止。

東線：自法院前之南方城

壁外，向北西門路線交叉，經北門大路，入大稻埕，折過稻新街，望大街北行，自普願街外，東折而出北投街道，至明治橋。又一線自北門外一之橋際分歧，從鐵道部前，折過西門外街，在公園預定地內，與第一線合。

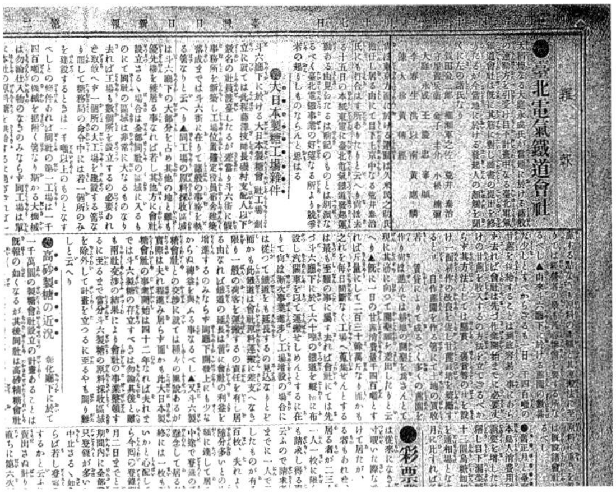
臺北電氣鐵道會社

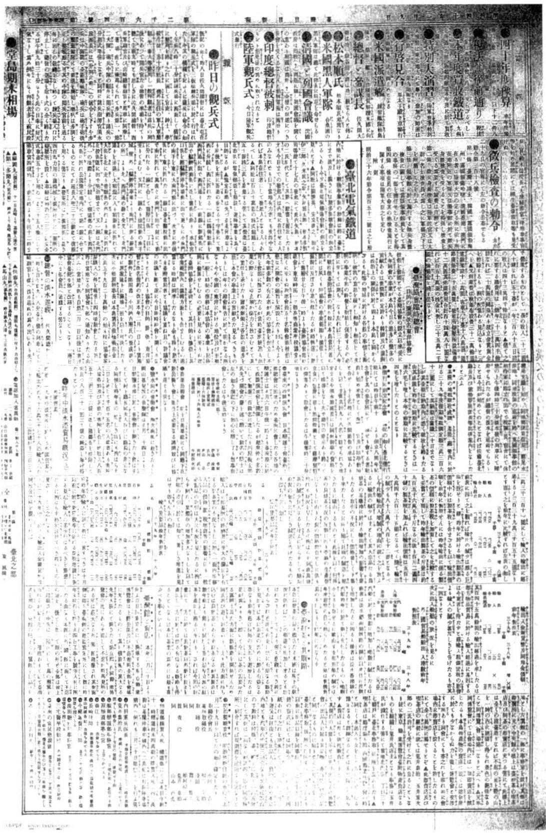

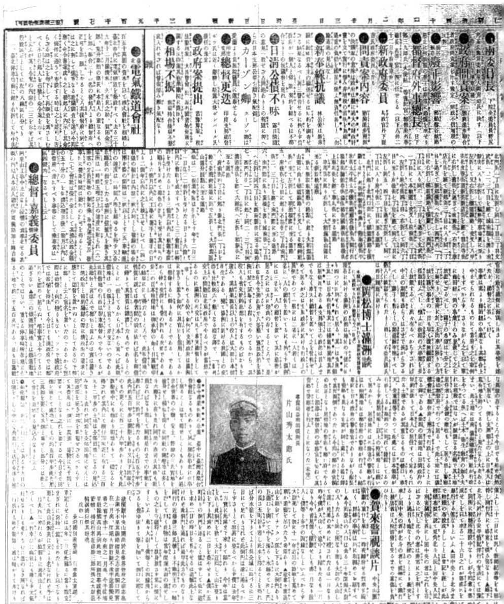

臺北市區電車相關新聞報導，藍色框線部分即為相關報導。（資料來源：《臺灣日日新報》）

本土企業計劃來臺北鋪設市區電車，自然是看中當時的臺北已經開始都市化，而由此衍生的各項商機，特別是期待大量住在臺北的日人官民，將會充分運用市區電車。

還有一點值得注意，在這個時間點上，日本本土正興起一波市區電車風潮，「臺北鐵道株式會社」也可視為這股市區風潮在殖民地的延伸。

「臺北鐵道株式會社」激起了「臺北在住日本人」的競爭之心。住在大稻埕的大庭永成，找來了賀田金三郎、柵瀨軍之佐、荒井泰治、守屋善兵衛、金子圭介、小松楠彌、王慶忠、辜顯榮、李春生、洪以南、黃應麟、陳大珍、黃傳經等住在臺北的日本人及臺人仕紳，打算組織一家企業，來鋪設臺北市區電車。

我們可以看到，荒井泰治決定實踐自己在十年前所提出的構想。

此外，同樣住在臺北的木下新三郎、松本真輔、宮副吉兵衛、江里口秀一、村岡久吉、川瀨周治、河東利八、鍵山今朝吉、平田藤太郎、澤井市造、服部甲子造等日本企業家，則與大阪企業家今西林三郎、桑原政及神戶企業家森本六兵衛聯手，計劃以法定資本額兩百萬日圓，設立同樣名為「臺北鐵道株式會社」的企業，爭奪臺北市區電車這塊大餅。

以上臺北市區電車計畫受到當時主流輿論媒體《臺灣日日新報》的支持，多次發表社論倡議：都市交通反映著當地文明化程度，歐美與日本人口數量與臺北相當的城市，皆已鋪設了市區電車，連朝鮮的青浦，其人口數量不過與臺灣鹿港相當，也有完善的市區電車網，臺北市交通若欲「向上提升」，除了盡快完成電車鋪設計畫之外，其實別無他途。

鐵道部的回應

日治時期臺灣鐵道交通的主管機關是臺灣總督府鐵道部，這個機關否決了以上市區電車鋪設計畫，認為這些日本本土企業家與住在臺北日人企業家太過樂觀。不過，臺灣總督府鐵道部的否決並未澆熄臺北日人企業家的熱情。一九一一年，荒井泰治、木下新三郎、賀田金三郎、小松楠彌、柵瀨軍之佐、木村久太郎等人再次表達投資意願，預計創設法定資本額達一百萬日圓的企業來經營。

這個臺北市區電車鋪設計畫再度引起官民輿論界的重視，並衍生出市區電車應由官方經營或民間經營的爭議。這時，擔任臺灣總督府二把手的臺灣民政長官內田嘉吉，明確表達了臺北市區電車將由官方經營的態度，並且強調：臺北市區電車應該要能夠與縱貫鐵道銜接。

縱貫鐵道電氣化的倡議

隨著臺灣市區電車計畫的提出，臺灣縱貫鐵道及其支線的電氣化也受到關注。首先被提出的是連結臺北市區與郊區的淡水線，而且似乎很早就有人提出呼籲。

一九一二年八月二十日，《臺灣日日新報》一則新聞提及：「淡水線蒸汽鐵道變更為電氣鐵道一事，從數年前開始，臺北商工會便屢次向臺灣總督府提出建言，現今臺北市人口又有所增加，北投一帶也已發展，因此淡水線鐵道電氣化一事，恐怕比市區電車更具有急迫性。木下新三郎乃以商工會會長名義，再次向臺灣總督府提出請願。」

這位木下新三郎的名字前已提及，他曾與其他住在臺灣的日人籌畫鋪設臺北市區電車。這些日人對於將電氣動力導入於臺灣鐵道或軌道交通，似乎頗為熱中。

所謂淡水線電氣化，係指將機關車動力由蒸汽改為電力，並在鐵道上方架設電纜，由機關車的集電弓取得電力。

戰前日本伴隨市區電車的鋪設，也嘗試進行蒸汽鐵道電氣化，直到一九三〇年代末，日本一般蒸汽鐵道已有百分之五十五完成電氣化。

為何淡水線電氣化最先被關注呢？因為這條鐵道經過的地區（今中山北路沿線），是日人在臺灣居住的新興住宅區。淡水線蒸汽列車終日冒出的白煙，對於沿線居民，特別是對這些日本人而言，一直是一大困擾。此外，淡水線本來被期待能連結清代臺灣第一大港——淡水港與臺北城，因此是以貨運線來規劃。但是，由於淡水港淤積、上述新興住宅區以及北投觀光區的形成，淡水線必須轉型為客運線功能，才能滿足真正的需求。

因此，在一九一〇年代，淡水線開始行走汽動車。

淡水線電氣化的倡議，並未得到日本殖民政府太多重視。但是，當一九一九年日月潭水力發電事業開始規劃之際，縱貫鐵道及其支線的電氣化便立刻成為輿論關注的焦點，此一關注持續到日月潭水力事業完工的一九三〇年代。

鐵道部官員對於縱貫鐵道及其支線電氣化的期待

有田忠治郎曾任職於臺灣總督府鐵道部運輸課，一九三二年十二月他在機關刊物《臺灣鐵道》投稿了一篇名為〈新高山上より四海を展望して〉（從玉山望向四方）的文章。

文章提到：等到日月潭水力發電事業完成後，臺灣縱貫鐵道電氣化與市區電車的鋪設一定會被實現。蒸汽機關車的缺點在於牽引力有限，再加上日本煤炭使用量越來越大，其持續大量開挖已不可指望。反觀運用水力所產生的電力資源則是無限。尤其是臺灣山脈縱橫、隧道又多，如果縱貫鐵道及其支線的電氣化完成了，不僅對乘客的安全有貢獻，也可提高殖民地人民對鐵道文明的期待。

一九一一年七月，臺灣總督府鐵道部隨即發表了預算總額達一六〇萬日圓的官營計畫，為期三年，共分三階段，並擬採用三呎六吋（一〇六七公釐）軌距，讓臺北市區電車完工後，能夠直接與縱貫鐵道銜接。

然而，接下來卻是日本中央政府否決臺灣總督府。由於主管國家財政的大藏省不同意編列相關預算，臺灣總督府鐵道部的官營計畫也只能告吹。

日本中央政府的否決，為臺灣總督府帶來困擾，因為臺北已預定在一九一五年舉辦「臺灣勸業共進會」。這個「臺灣勸業共進會」是日治初期臺灣規模最大的工商展覽，為期三十天，預計將帶來三十萬人潮；也就是說，每天至少要消化一萬多人，當時臺北市區總人口不過才十五萬人左右。

前面提到，臺北市區的交通工具在這個時候只有人力車、淡水線鐵道與人力輕便鐵道。除了淡水線鐵道之外，都還未進入機械動力領域；同時，淡水線主要是用來連結市中心與郊區。

也就是說，臺北在博覽會期間市區交通只能仰賴人力車和人力輕便鐵道；特別是人力車，這時約有一千多輛，必然無法負擔如此龐大的人潮。因此，荒井泰治、木下新三郎、賀田金三郎等臺北的日本企業家，第三度提出臺北市區電車鋪設計畫的申請。

然而，臺灣總督府鐵道部再次否

汽動車

這種交通工具的設計邏輯，與市區電車如出一轍，都是直接在車廂設置動力裝置，只是市區電車使用電力，汽動車則是安裝以汽油為燃料的內燃機。汽動車具有機動性高與快速兩大優點，非常適合於短距離間的移動，特別是都市內部或城郊之間。

一九二九年行駛於嘉義與北港間的汽動車（圖片來源：臺灣製糖鐵道網站）

戰前行駛於日本茨城縣的汽動車（圖片來源：《世界交通文化發達史》）

長年馳騁於臺灣鐵道上的汽動車。目前展示於國家鐵道博物館籌備處的「藍皮 DR」，就是屬於「汽動車」，配置了「柴油」引擎。（攝影：陳皇志）

決了這次申請，理由是由官方經營的方針不變。同時，臺灣總督府鐵道部決定再接再厲，向日本中央政府提出官營臺北市區電車計畫的預算案。

事實上，臺灣總督府鐵道部也意識到，既有的臺北都市交通手段，根本無法滿足「臺灣勸業共進會」可能帶來的龐大人流，因此鐵道部比前次更為積極地推動官營臺北市區電車計畫，而且先在淡水線鐵道使用了所謂的「汽動車」（Rail Car）。

市營電車的破局

臺灣總督府第二次提出的官營臺北市區電車計畫，因受到一次世界大戰等主客觀因素影響，一直到拖延到一次世界大戰結束的一九二二年，才開始在士林與北投地區進行路線調查，而且遲遲沒有後續動作。

這時，臺灣才剛剛完成地方制度改革，也就是臺灣總督府決定在一九二〇年起推展有限度的地方自治。因地方自治而獲得若干獨立性地位的臺北市政府（當時稱為臺北市役所），也開始著急了，因為當時臺北市的交通除了多了一條前面提過的萬華新店蒸汽鐵道之外，其實沒有多大進步，幾乎原地踏步了好多年。

更進一步說，到了一九二〇年代中期，日本本土的大都市，除了小樽、仙台之外，都已經鋪設了市區電車網。

於是，臺北市政府決定不等臺灣總督府鐵道部，要以自己的力量來完成市區電車鋪設計畫。

一九二七年，時任市尹（地位約等於市長）的田端幸三郎邀請熊本市電氣局長松尾寬二來臺，進行為期三周的實地調查，並決議以熊本

田端幸三郎對外說明市營電車計畫的原委：

就我所知，臺北電車的問題是武藤市尹時代有五六組人馬提出民營計畫申請書，但都被駁回。最後，根據的是八田與原脩次郎的計畫。在太口前市尹的時代，雖已徹底放棄，但民間要求鋪設電車的聲浪很大，因此市方尋求與臺北市情形相似的熊本市的經驗，委託松尾提出具體的市營電車計畫。雖然仍有人認為現在是汽車運輸時代，而質疑：電車事業划算嗎？既有道路寬度能夠容納嗎？與鐵道交錯的問題能夠解決嗎？就我來看，電車必須鋪設的理由已遠遠覆蓋掉這些質疑。……在內地，汽車運輸只能作為電車的補助機關而發揮其機能。

市區電車與公共汽車孰優孰劣？

如果撇開鋪設成本何者較貴的考量，公共汽車的確在運行上比市區電車靈活許多。因為任何形式的鐵道／軌道車輛只能行駛於鋪有路線的固定空間，當鐵道／軌道系統完成之後，就難以隨時變更其內容（路線、車輛編組等），來配合實際運輸需求的增減。

反觀，公共汽車可以通行於任何道路，如果出現新的運輸需求，只要在道路容積許可之下，隨時可開設新路線或增加班次；如果運輸需求暫時性地減少，公共汽車可立刻縮編路線或減少班次。

如果是租賃型巴士、計程車或家用汽車，更可以在任何時間將乘客載運到指定地點，其展現的靈活性更大。

臺北市區電車藍圖的熊本市電車（圖片來源：木村俊作編，《熊本市案內》（熊本市：三大事業記念国産共進会熊本県協賛会出版，1925）

市為藍圖，鋪設市區電車。

這波看起來最有希望的電車鋪設計畫，之後因田端幸三郎下台、新任市尹改以收購「臺北自動車株式會社」在內的其他民營汽車路線來成立「市營公共汽車」而收場。

其他都市的構想

日治時期臺灣市區電車鋪設計畫，不僅限於臺北一地，其他主要都市都曾經提出類似的構想。

一九一二年，荒井泰治計劃將高雄苓雅寮沿運河至三塊厝的人力輕便鐵道變更為市區電車，並打算將市區電車拓展至高雄全市。

一九一六年，日人川原義太郎在府城發起「臺南電鐵株式會社」。從名稱可以看出，他預計鋪設的是市區電車，預計鋪設的路線與軌距為臺南車站到安平、三呎六吋（一〇六七公釐）。

曾經在臺工作、旅遊與居住之日人的感想

花戶照這位曾經在臺工作的日本人，一九三一年初次來臺灣時，剛走出臺北車站時，對於臺北市沒有市區電車感到不可思議。當花戶照問接待他的友人，這樣是否會不便時，他的友人卻向他強調，因為臺北有便宜的人力車，因此沒有鋪設電車的需要，而且很快地當汽車運輸發達，更會感到電車並無必要，再說沒有電車的市街是多麼的漂亮與寧靜。

一九三六至一九三八年間，花戶照第二次和第三次到臺灣旅行，在嘉義、臺南、臺北等地，當他看到巴士與計程車十分發達便利的景象，再度感到吃驚。

一九四一年一月，花戶照因為工作關係，搬到臺北居住。當花戶照再次從臺北車站走出來時，首先感到震驚的是，不但沒有了汽車，而且人力車又復活了。其次讓花戶照感到驚訝的是，臺北市區巴士的混雜與不清潔，乘客間又不遵守秩序，就如同東京大地震發生之初所看到的模樣一般。

當他等了二十到三十分鐘，車子總算來了。一上車，一陣大蒜臭味便撲鼻而來。這讓他回想起，當初他的朋友向他誇耀臺北是沒有電車的都市，現在沒有電車反變成臺北的恥辱。

不過，這家企業後來只鋪設了名實不符的人力輕便鐵道，法定資本額也從原本規劃的三十萬日圓縮減為十二・五萬日圓。

臺灣最早正式開業的人力輕便鐵道企業——「桃崁輕便鐵會社」，也曾經考慮以既有經營者為班底，先成立一家電燈企業，再以電燈企業的動力供人力輕便鐵道使用，等於是把人力輕便鐵道轉型為市區電車。

後來，電燈企業按照原定規劃而成立，時間是一九一三年四月三日，企業名稱為「桃園電燈株式會社」，這家電燈企業的辦公室直接設在上述輕便鐵道企業之內。

一九一五年六月二十五日，《臺灣日日新報》報導提到：隨著桃園電燈的設立，該企業的發起人已展開股份承購的工作，同時「作為該企業的希望，而策畫了桃園大嵙崁間輕便電氣鐵道案」。

可惜後來這家電燈企業的發電量不如預期，也就沒有多餘的電力供給人力輕便鐵道使用。

到了中日戰爭爆發前後，臺中與高雄兩地因實施都市計畫，而且都市發展快速，都曾提出鋪設市區電車的構想。

臺中鋪設市區電車的構想，來自一九三八年啟動的「新高港」築港計畫，此計畫預計合併大甲、清水、梧棲、沙鹿、龍井，組成一個龐大的工業都市「新高市」，並以

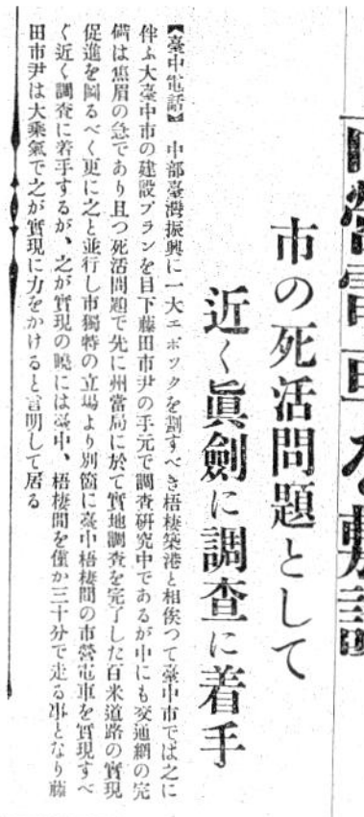

臺中と梧棲間に
市營電車を敷設
市の死活問題として
近く眞劍に調査に着手

【臺中電話】中部臺灣振興に一大エポックを劃すべき梧棲築港と相俟つて臺中市では之に伴ふ大臺中市の建設プランを目下藤田市尹の手元で調查研究中であるが中にも交通網の完備は焦眉の急であり且つ死活問題で先に州當局に於て實地調查を完了した百米道路の實現促進を圖るべく更に之と並行し市獨特の立場より別箇に臺中梧棲間の市營電車を實現すべく近く調查に着手するが、之が實現の曉には臺中、梧棲間を僅か三十分で走る事となり藤田市尹は大乘氣で之が實現に力をかけると言明して居る

臺中市區電車鋪設構想（圖片來源：〈臺中と梧棲間に市營電車を敷設市の死活問題として近く眞劍に調査に着手〉，《臺灣日日新報》，一九三九年一月九日，五版）

高雄市に〝無軌道電車〟
內地資本家が來臺畫策
相當の困難性豫想さる

早急實現は至難か

臺灣紡績の工場建設と資材

決戰勤勞對策の進展

戰力

社長

高雄市區電車鋪設構想（資料來源：〈高雄市に『無軌道電車』內地資本家が來臺畫策相當の困難性豫想さる〉，《臺灣日日新報》，一九四三年五月二十三日，一版）

大甲溪水力發電來滿足電力需求。這座新都市還被期待為能與基隆、高雄並駕齊驅的港口。

高雄則是因為一九三〇年代後半期的臺灣工業化與南進政策，亦即：一九三六年五月五日，日本政府廣田弘毅內閣宣示「新南方政策」，同年八月二十九日，高雄州便公布了所謂的「大高雄都市計畫」。

戰前正式運轉的電車線與電氣化鐵道

一九一九年，為了日月潭水力發電事業，臺灣電力株式會社（臺灣電力公司的前身）在工程現場的司馬鞍本部架設電車線，一線通達水社工區，一線往東北經木屐、內加道、路篙、過坑通達東埔，這是臺灣最早的電車線。

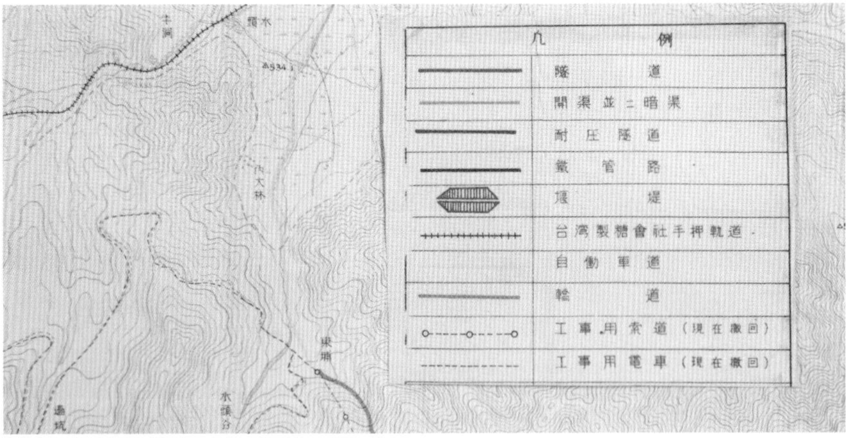

日月潭水力發電工程的電車線。從這張地圖可以看到電車線所聯通的區域。（陳皇志提供）

日月潭水力發電的電車與電線。從這張照片可以看到遠方的電車架著一集電弓，與上方的電線聯通。（陳皇志提供）

一九二七年，臺灣電力株式會社決定在松山興建一座火力發電廠。為了將煤礦從縱貫鐵道松山車站運進發電廠，又興建了一條連結兩地的鐵道，這條軌道軌距為三呎六吋（一〇六七公釐），全程使用電氣化，這是臺灣第一條電氣化鐵道。

日月潭工事の豫備工事著々進む
東埔―武界間の索道工事と電車軌道の延長共に完成

日月潭工事の起工式は二十九日
日月潭湖畔の舊涵碧樓跡にて擧行

電力工事と魚池小公學校

日月潭水力發電的電車線相關新聞報導（資料來源：〈日月潭工事の豫備工事著々進む　東埔武界間の索道工事電車軌道の延長工に完成〉，《臺灣日日新報》，一九三一年十一月八日，三版）

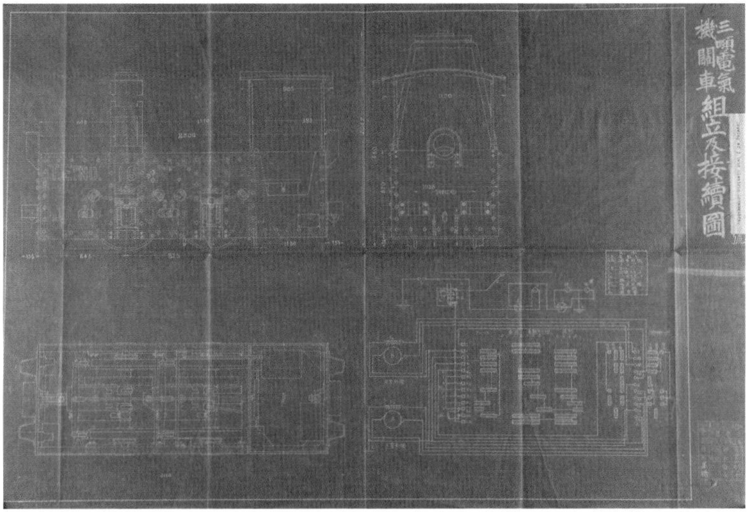

日月潭水力發電的電氣機關車，這張照片示意了電氣機關車的各個部件。（陳皇志提供）

松山火力發電廠的電氣化鐵道。根據學者洪致文的考察，松山火力發電廠所使用的電氣機關車，與日本千葉縣的銚子電氣鐵道株式會社所使用之「デキ三電氣機關車」（右圖）非常類似。（左圖．洪致文提供。右圖．白井覺提供）

戰後的延續

二次大戰結束後，臺灣市區電車鋪設構想，很快復活。

時值臺灣經濟即將起飛的一九六〇年，時任臺北市長的黃啟瑞向中央政府請命，希望能將臺北市都市建設納入第二期四年經建計畫，包括以下十大主要項目：一、道路及橋樑建設；二、擴建自來水；三、重建下水道；四、發展煤氣事業；五、建設電化屠宰場；六、興建水肥處理場；七、興建垃圾焚化爐；八、擴建國民住宅；九、淡水河防洪設施；十、興辦無軌電車。

不難猜想，黃啟瑞市長的構想未能獲得更上一層級政府的支持，當時臺北市是省轄市，更上一層級政府就是臺灣省政府。

在當時，臺灣省政府或整個政府高層，究竟以什麼樣的理由來否決這些看似可行的軌道交通建設案？從臺灣省議會的質詢內容，或可看出端倪。

正當黃啟瑞市長提出上述構想之際，第二屆省議員陳愷在幾乎同一時間向臺灣省政府提出「一九六一建議政府在臺北市及高雄市先後舉辦無軌電車以發展交通事業維持交通秩序案」（文字第六〇七五號），具體內容如下：

> 一、查臺北市為政治經濟文化中心，人口已有百餘萬人，交通非常複雜擁擠，來往行人甚感不便，且時常車禍，交通秩序幾乎無法維持，目前該市現有公共汽車數百輛及計程車一千餘輛，三輛車（按：指三輪車）亦二萬餘輛，均不夠供應搭乘搭，為此擬請政府舉辦該市無軌電車，由新店、景美經由羅斯福路、中山南、北路抵達圓山、士林，另一路由松山經南京東路、南京西路抵延平北路，或由松山經中正路抵北門口附近，其他路線可次第發展。
>
> 二、至高雄市係一工業新興都市，其市區幅員面積比臺北市寬闊，雖目前人口較少，但數年後其繁榮當不亞於臺北市，該市東西南北道路縱貫均可通行，亦為行駛電車適當城市，其該項交通事業發展更可預料也。

這位省議員認為，無軌電車對於臺灣兩大都市都分別存在著其鋪設意義與價值；對臺北市而言是解決當下交通瓶頸、對高雄市而言則是因應未來發展所需。

臺灣省政府否決的理由如下：

> 關於臺灣省議員陳愷提案建議在臺北、高雄兩市舉辦無軌電車一節，查旅韓華僑李裁之前曾申請回國投資，在臺北市創辦，經濟部以臺北市街道及附近郊區道路及環境不適宜於無軌電車之行駛，未予核

准陳議員所建議之路線，包括在上項投資案擬行駛路線之內，至高雄市情形，應亦相同，再查現代都市交通，為疏導壅塞，均趨向於地下發展，故臺北、高雄兩市之地面公共客運，仍以擴充各該市之公共汽車為宜。

歸納來說，臺灣省政府認為，不論就臺北市或高雄市的道路狀況來看，都不適宜鋪設無軌電車，市區交通地下化才是未來發展趨勢，兩座城市的內部交通暫時以擴充公共汽車的路線與班次，來予以滿足；這樣的回應似乎答非所問。

首先，省議員建議在臺北市鋪設無軌電車，正是因為現有各式車輛已導致市區「交通非常複雜擁擠，來往行人甚感不便，而且時常車禍，交通秩序幾乎無法維持」，臺灣省政府所謂「仍以擴充各該市之公共汽車為宜」，恐怕一點都不「宜」。

其次，省議員明白指出無軌電車在「高雄市的東西南北道路縱貫均可通行」，臺灣省政府卻回覆「至高雄市情形，應亦相同」，說服力稍嫌薄弱；或許省議員正是擔憂高雄市在未來步上臺北市「交通非常複雜擁擠」的後塵，才會將高雄市與臺北市並列提案。

到了一九六七年左右，臺北都市交通的問題再度受到矚目。這是因為臺北市即將升格為院轄市，內湖、南港、木柵、景美、士林、北投等地區，都將被劃入這座城市，使其面積與人口一舉擴大為二七二平方公里與一五六萬人。因此，再次有民意代表在市議會建議設立環市的鐵道或高架電車，如當時的市議員李福長便建議：建立一環市鐵道網或電車網，並以臺北車站為起點，經景美、木柵、南港，內湖、北投、士林，再回臺北車站。當時的市議會議長張祥傳則建議：設置環市電車道，形成外圍而向四郊鄉鎮輻射，完全負責對外的交通連繫，市內則由各線公共汽車往返接運。

臺灣省議會的「交通論」

一九九二年國會全面改選前，臺灣省議會是臺灣位階最高的常態選舉民意機關，省議員在議會的質詢，洞見觀瞻。

從一九六〇年代以來，各類型軌道交通建設是臺灣省議員的重點質詢項目，涵蓋範圍有前面介紹過的臺北市區鐵道地下化、剛剛提及的市區電車鋪設以及稍後將觸及的高鐵，其內容與地方政府、地方議會或者民間團體的相關建言，經常可以相互呼應。

無軌電車案外案

在臺灣省政府的回應中跑出一個案外案，原來早就有旅韓華僑計劃投資臺北市區電車，只是被經濟部打回票。

這位旅韓華僑抱持著什麼樣的心態投資，礙於史料限制，已不可考；箇中緣由之一，必然是市區電車對於生活在韓國首爾的人來說，不僅方便、廉價，也是現代都市交通形象的「象徵」。

韓國首爾的市區電車最早可以追溯到一八九九年，當時是李氏王朝的年代，熱中追求現代事務的高宗從國外引進。日本殖民統治韓國之後，基於殖民母國的經驗，而持續擴張韓國市區電車網，高達十幾條路線。

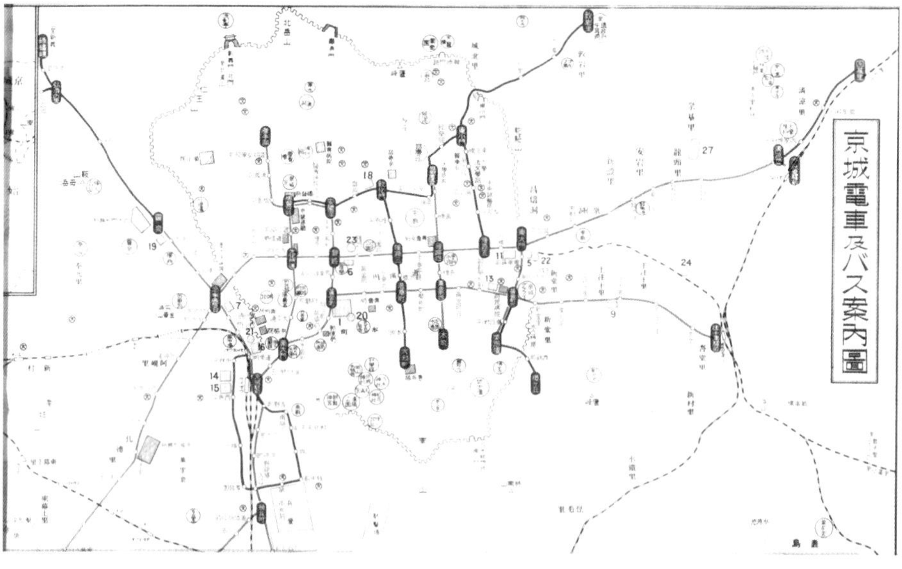

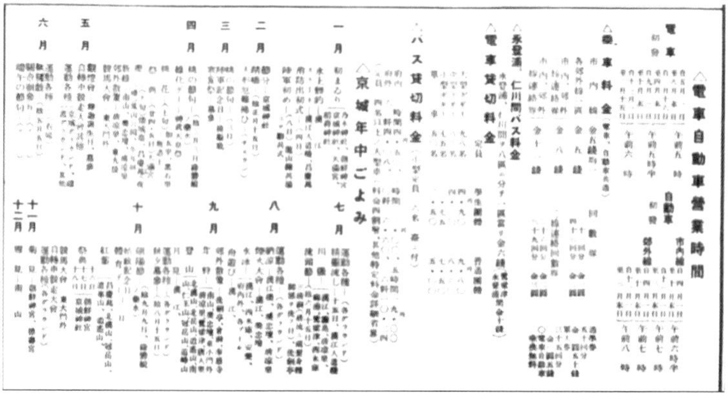
電車自動車營業時間

電車料金

電車貸切料金

バス貸切料金

京城年中ごよみ

一九三五年韓國首爾電車路線圖、營業時間與乘車費用

圖片來源：京城電気株式会社庶務課，《伸び行く京城電気編》（一九三五）

大約從這個時候開始，臺北市區電車鋪設構想，開始與前面提過的市區鐵道問題合流，某種程度而言，在地下化工程的同一時間，臺北市區大眾運輸捷運系統的構想也被提出了出來。

從電車到MRT

約莫在一九七〇年代，臺北市面臨了嚴重的壅塞問題，讓上述臺北市區鐵道的高架化／地下化，以及臺北市區大眾交通工具的革新，變得相當迫切。尤其是臺北市區大眾交通工具本來只有作為「殖民遺產」的公共汽車，現在有必要增加新的大眾交通運輸手段。

新的大眾交通運輸手段會是什麼呢？最常被拿出來討論的就是電車。

隔年，當時的臺北市長高玉樹正式回應了此一訴求。他認為，臺北市區鐵道高架化仍然是最為可行的方案，並將黃啟瑞市長時代的無軌電車構想再次搬出來，也就是以無軌電車協助公共汽車，以疏運快速增加的乘客。

然而，隨著縱貫鐵道臺北市區路段地下化的發展情勢，臺北市區地下電車網的構想，在一九七〇年代由一個名為「國家建設研究會」的民間團體正式提出。「國家建設研究會」是由國內外學者專家約一百八十人共同組成。

爾後，臺北市區大眾交通系統的討論方向，逐漸從電車網轉向大眾運輸捷運系統（Mass Rapid Transit, MRT）。可以說，電車網的構想，最終是以大眾運輸捷運系統的形式加以實踐，而電車網與大眾運輸捷運系統是一脈相承的。

一九七六年十二月，交通部運輸計畫委員會擬定「臺灣地區整體運輸計畫」，預計在北、中、南三大都會區興建大眾捷運系統。

隔年年底，《臺北地區大眾運輸系統初步規劃報告》完成，報告中指出：「臺北地區尤其是臺北都會區之整個道路系統將於民國七十六年達到飽和，而逐漸形成嚴重的交通瓶頸；屆時依賴地面道路之公共汽車系統勢難承擔大眾運輸之功能，必須引進速率高能量大的捷運系統，以維護並加強都市中心區之經濟活動機能，分散人口擴大都會區範圍，並促進衛星市鎮之發展，藉以抑制個人運輸——自用小汽車之過度發展。」

一九七九年，時任臺北市長、後來成為中華民國第一屆民選總統的李登輝，指示臺北市工務局新工處，重新對臺北市交通運輸系統的發展進行檢討。

新工處正式建議臺北市政府應該「引進造價低、施工容易、路線安排較具彈性而又能維持高品質服

議會討論市區電車鋪設的熱潮

在這個時期，臺北市議會非常熱烈於討論臺北市區電車鋪設的問題，經常有議員提出質詢。諸如，一九七〇年十一月十六日召開的第一屆第二次大會暨第十一次臨時大會上，周陳阿春、羅文富、林榮剛、林穆燦、林振永、陳愷等議員聯合向市府提出質詢：「本市業已改制三年餘，行政區域增廣包括六鄉鎮，貴府是否有計畫行駛電車否？以符合建設現代化之國際都市之計畫？請予說明。」

臺北市政府的回答如下：

> 自本市改制為院轄市後，本府所管轄之行政區域雖比之前擴大，惟迄未規劃設置電車行駛市區道路，向來地面電車因速度較慢，且其軌道占道路面積甚多，致易發生交通阻塞之情形，現已被認為落後交通工具，目前歐美先進國家之大城市，如東京、紐約、倫敦、巴黎等均已清除全部或部分電車軌道，以免妨礙其他交通工具之暢通。如為建設現代化之國際都市，除非鋪設高架快速電車軌道，尚可符臺北市民交通之侃，而要外至地面行駛電車似無經濟價值。

從這樣的回答可以窺見，臺北市府已意識到，高架化或地下化的大眾交通系統才是具有遠見的規劃方案，行駛於一般路面的市區電車已不合時宜。

值得注意的是，在同一屆議會中，也有人提出大眾捷運系統的建議案。范伯超、周洪根、梁紹洲、鄭娟娥、潘天祿等議員在第一屆第二次大會暨第十一次臨時大會（一九七〇年十二月十六日）共同提出「請速規劃改善市區各重要平交道交通案」。提案內容如下：「全面性解決辦法（這是指針對市區交通），包括大眾捷運系統之建立，由交通部運輸計畫委員會綜合調查規劃，必要時得聘請國外顧問公司，協助辦理。」

務水準、最新發展的中運量捷運系統，以滿足不同的運輸需要，並與未來高運量捷運系統以及公車系統相輔相成，提供均衡的運輸服務。」

一九八一年九月，交通部聘請英國大眾捷運顧問工程公司（BMTC），與中華工程顧問公司組成計畫小組，就初步的規劃報告深入研究。

一九八二年，「臺北市立動物園」開園，進一步催生了臺北大眾運輸捷運系統。當時預估每日遊客量可能高達五、六萬人次，為此臺北市政府工務局再次委託中華工程顧問公司，調查最為妥適的輸運手段。

亞洲其他三小龍的大眾運輸捷運系統

韓國首爾市：一九七〇年代以降，韓國首爾市考慮到人口快速增加、市區塞車問題嚴重，加以「漢城奧運」（首爾市舊名）即將於一九八八年開辦，於是傾全國之力趕工而在一九八七年完成了四條路線、全長為一一五公里的捷運系統。

香港：一九六〇年代，香港經濟急速發展，人口不斷增加，香港政府於是邀請英國專家學者進行研議，興建大眾運輸捷運系統的構想於是出現。爾後幾經研議，香港捷運系統在一九七五年底正式動工，直至一九八七年已完成兩條路線。

新加坡：新加坡大眾運輸捷運系統同樣經過漫長的研議規劃，而於一九八三年興築。

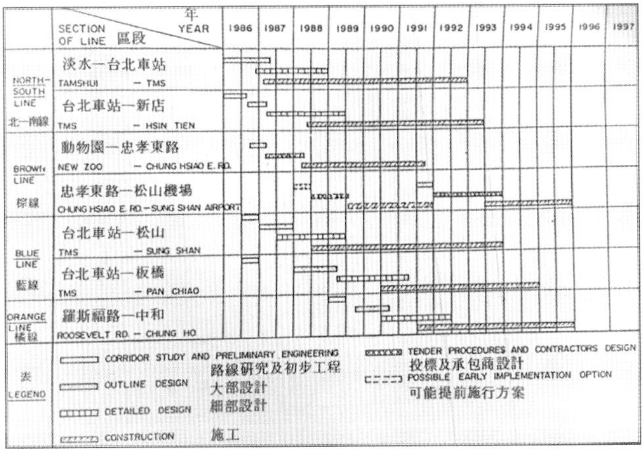

臺北市大眾捷運系統工程規劃表
圖片來源：經濟部，莊乾道研究主持，《大眾捷運系統工程之研究》（一九八七）

中華工程顧問公司在研究報告中指出：

為解決臺北市新動物園對外交通，和平東路三段至新動物園間的重要幹道軍功路，必須予以改善，改建為四線道公路，但因受都市計劃原定路寬的限制，及暫遷問題等困擾，殊難實現。因此，以中短距離、中運量交通運輸系統取代，可以說是解決未來交通需求的探討重點，唯有如此，一方面可配合新動物園的需求，並解決鄰近萬芳社區的交通問題。

一九八六年六月二十七日，歷經約二十年的研究、討論、觀摩、規劃及妥協整合後，「臺北捷運系統工程局籌備處」終於在這天成立，儘管在亞洲四小龍中已是殿後（至少落後十年）。

隔年二月二十三日，臺北市政府捷運工程局正式成立。一九八八年

臺灣桃園國際機場與臺北大眾運輸捷運系統

如果大家到過「臺灣桃園國際機場」，應該或多或少都搭乘過連接第一航廈與第二航廈的電車。

此電車正式名稱是「桃園國際機場旅客自動電車輸送系統」（People Mover System, PMS），這段電車是作為臺北大眾運輸捷運系統的孿生物而誕生。

一九七九年二月二十一日，這座機場迎來了第一架波音七四七飛機而宣告正式啟用，當時只有第一航廈（一九七八年完工）。緊接著，第二航廈於一九九一年三月規劃興建，於是計劃在兩個航廈之間興建一條電車路線以作為連結之用，並且併入上述之「臺北地區大眾捷運系統規劃專案報告」予以辦理。

一九八七年七月，「桃園國際機場旅客自動電車輸送系統」由民航局擴建工程處發包，二○○三年一月二十八日正式啟用營運。

桃園機場第一和第二航廈聯絡電車（圖片來源：維基百科，攝影：padai，2006 年）

七月二十二日，臺北大眾運輸捷運系統首項工程北投機廠舉行開工典禮。

後來，臺北大眾運輸捷運系統的興建幾經波折，直到一九九六年三月二十八日，不斷延後通車日期的木柵線總算通車了，正式宣告臺北大眾運輸捷運系統開始運作。

臺北捷運文湖線南京復興站（圖片來源：維基百科，攝影：玄史生，2009 年 11 月）

現代交通工具誕生了通勤與通學的新興文明現象，由於都市化、工業化加上義務教育的推動，女性與男性一起搭車上班、上學逐漸成為常態，並潛在提升了女性的地位與女性意識。（圖片來源：鄧南光，公車內，新竹州大溪郡，一九四〇年代，夏門攝影企劃研究室提供）

chapter 6

第六章 現代型大眾交通工具：汽車

人類交通發展約莫以二次大戰為分界，出現從所謂「鐵道萬能」時代向「公路萬能」時代移行的過程。

二次大戰以前，人類認為只要在路面上鋪設兩條永遠不會交集的平行線，就會滿足所有交通需求，鐵道代表著「進步與文明」。不過，畢竟汽車運輸本來具有普遍性、深入性、機動性的特徵，道路興建容易且成本相對低廉，損壞時可迅速修復，只要家用汽車能夠普及，陸上交通系統走向以公路運輸為主的方向，顯得理所當然。

在一九三〇年代以前，日本的汽車工業尚未達到國產化階段，所有的車輛都是進口，其中以美國生產為大宗，殖民地臺灣也是如此。照片中雪弗蘭四九〇型汽車（二十四匹馬力），就是奠定該名牌在全球汽車市場地位的經典車輛，一九一五年開始生產，因售價為美金四九〇型元而有此命名。（圖片來源：林草，雪佛蘭四九〇型型汽車，一九一七—一九二〇，林全秀提供）

汽車工業的萌芽

長久以來，「誰是第一位汽車發明者」一直存在著爭論。一七六九年，法國工程師庫紐（Nicholas Cugnot, 1725-1804）製作出第一輛三輪蒸汽車。一八二六年，英國人戈登史瓦士・葛尼爵士（Sir Goldsworthy Gurney, 1793-1875）完成了從倫敦到巴茲（英國西部市鎮）的長距離試乘。一八三一年，人類首條營業用汽車運輸路線，開闢於格洛斯特（Gloucester，英格蘭的首府）與卓特咸（Cheltenham）之間約十五公里的區間，所使用的車輛是蒸汽動力汽車，每天四個班次。

雖然汽車發明於法國，但將其引入日常生活的則是英國。

十九世紀末，人類開始致力於車輛動力的改良。首先是美國哥倫比亞大學的安卓・瑞克（Andrew L. Riker, 1868-1930），當時還只是大學生的瑞克，在一八八四年研發出人類首輛電氣動力汽車，這時倫敦 Immisch & Co 這家企業看上電氣動力汽車的潛在商機，於是在一八九八到一八九九年之間展開大規模的測試。

當然，以當時人類的科技水平而言，這次測試的結果未盡如人意。

不過，另一項嘗試卻相當成功。那就是將內燃機引擎裝在車輛內部、並以汽油作為燃料。

最早做此嘗試的人是艾蒂安・勒努瓦（Etienne Lenoir, 1822-1900）。根據維基百科，他是比利時人，也是一位工程師，一八五〇年代遷居到法國。這位旅法比利時工程師雖然聰明、熱情而睿智，他的嘗試卻功敗垂成。

鄰近法國的德國人柯爾納・奧托（Kerners Otto, 1908-1967）則接踵其後，他在一八六七年發明了新款內燃機。一八七八年，卡爾・賓士（Carl Benz, 1844-1929）將這個新款內燃機成功安裝於車輛內部。

爾後，兼具機械工藝與藝術天賦的德國人，就此稱霸世界汽車工業，直到今天。

談到人類汽車工業發展，自然不能錯過位於大西洋彼岸的美國。這個國家的汽車工業發展雖晚於歐洲，卻可說是這項交通工具得以在世界普及的最重要功臣。特別是亨利・福特（Henry Ford, 1863-1947）以生產裝配線的方式大量生產車輛，比以傳統作業方式之產量增加了三倍。到了一九二四年，每年出廠的福特汽車達二百萬輛。

人類歷史上最陽春的公共汽車，年代不詳。（圖片來源：東京日日新聞社，《世界交通文化發達史》，1940）

全世界每二輛汽車中，就有一輛是T型福特汽車。

臺灣汽車運輸的興起

東亞第一輛汽車可能出現於中國，也可能出現於日本。

中國方面的記錄是一九〇一年，緣於慈禧太后六十六歲大壽之際，袁世凱從國外進口了一輛汽車作為壽禮。這究竟是因為袁世凱特別會

行駛於東京丸之內地區的私家轎車（時間點約為明治末期，圖片來源：《世界交通文化發達史》）

東京市營公共汽車，年代不詳。（圖片來源：《世界交通文化發達史》）

拍馬屁，還是曾經醉心於洋務運動的他，本來就對近代事務特別敏感呢？

在日本則有多種說法，或早於中國、或晚於中國。包括：一八九九年進口了第一輛電氣三輪汽車；一九〇三年「第五回內國勸業博覽會」舉辦之時從國外進口；一八九七年由一位僑居橫濱的美國人從國外進口；一九〇〇年，當時還是皇太子身分的大正天皇結婚，由「桑港在留日本人會」（即僑居舊金山日人的組織）進口一部電氣動力汽車作為賀禮。比較新的說法則是日人學者齋藤俊彥所主張：一八九八年一月十一日《朝日新聞》刊出日本已有人進口裝載內燃機引擎的汽車，並進行試驗性駕駛，甚至有日本企業家打算斥資兩百萬日圓開設製造工廠。

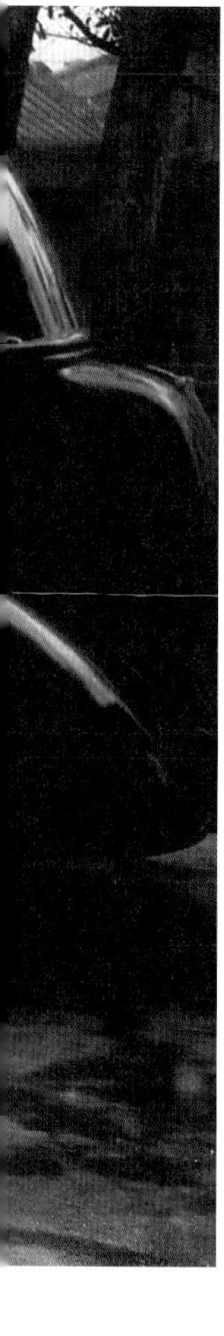

對現代人而言，開敞篷車兜風是一種時髦。但在人類汽車工業的黎明期，引擎馬力都非常小，屋頂只是一種徒增車身重量的累贅，敞篷車反而是最尋常的樣式。因此，說敞篷車是汽車的原型（prototype）一點也不為過。（圖片來源：鄉間敞篷車，攝影者不詳，1920-1930，簡永彬提供）

左頁，為了風光體面嫁娶，租用豪華品牌的「迎娶禮車」是現代結婚儀式的重要環節。其實這樣的習俗可上溯到日治時期，在當時西方文明全面移植到臺灣社會。（圖片來源：李火增，引娶小花童，臺北，1940 年代，夏門攝影企劃研究室提供）

臺灣第一輛汽車在何時出現？

一九一二年，臺北市內「日之丸」（日の丸）旅館主進口了一輛福特車，用來接送旅客。很快地，營業用的汽車客運與租用汽車也出現在該年九月十八日，由當時臺北市撫臺街（即一九二〇年市街改正後的大和町，今延平南路一帶）高松豐次郎所申請。次年一月他在臺北市內與近郊展開營業。

高松豐次郎在戰前臺灣新劇運動與電影的推廣、各地劇場的興建方面，頗為活躍，他的相關事蹟近年已受到臺灣史研究者注意。

儘管臺灣在一次大戰前即已引進汽車，但是汽車客貨運輸業的發展，必須等到一次世界大戰結束。換句話說，這中間存在著幾年的空白，其理由，與臺灣道路狀況不良、不利於汽車通行，有很大的關係。到了一次大戰結束，先後有兩家

具規模的專營企業出現，即「臺灣自動車株式會社」與「蓬萊自動車株式會社」。前者成立於一九一九年十一月，法定資本額有三十萬日圓；後者約莫成立於同一時期，法定資本額為五十萬日圓。

爾後，伴隨臺灣總督府對於道路建設轉趨積極，臺灣汽車數量成長驚人，一九三〇年代初期在日本全國各地已名列前茅，僅次於東京、大阪、愛知、兵庫、神奈川、靜岡、福岡、京都。

若與同屬殖民地的朝鮮比較，可更清楚看出，臺灣汽車數量上的明顯優勢：一九三五年時，臺灣每一平方公里有〇．〇八五輛車、每千人有〇．五八八輛車，朝鮮分別只有〇．〇二輛與〇．二六八輛。

基於上述背景，臺灣汽車客貨運這個產業也快速發展，從此奠定了往後幾十年臺灣地方交通運輸的基礎，直至今日。

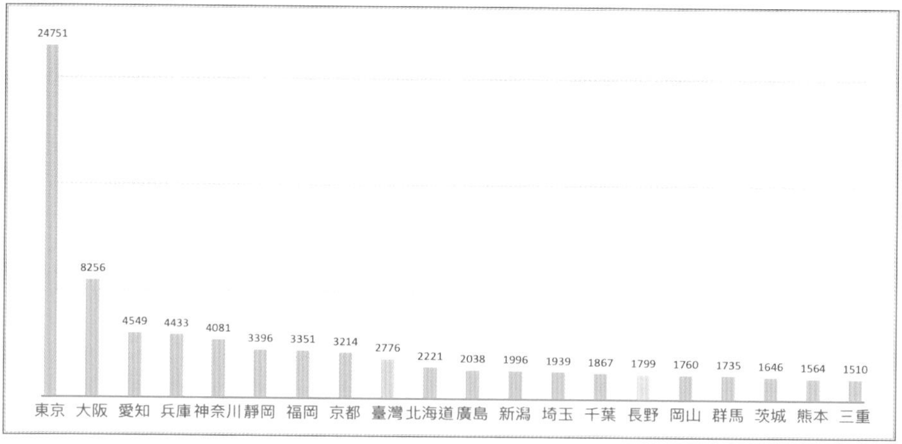

一九三三年日本帝國勢力範圍內各主要都市汽車數數的統計

到一九三一年為止，臺灣已有企業數一六八家、營業路線三二五條、營業里程四四一七公里。臺灣汽車客貨運輸業的營業里程，於一九二〇年代末期已超過糖業鐵道和人力輕便鐵道的總和。在有統計

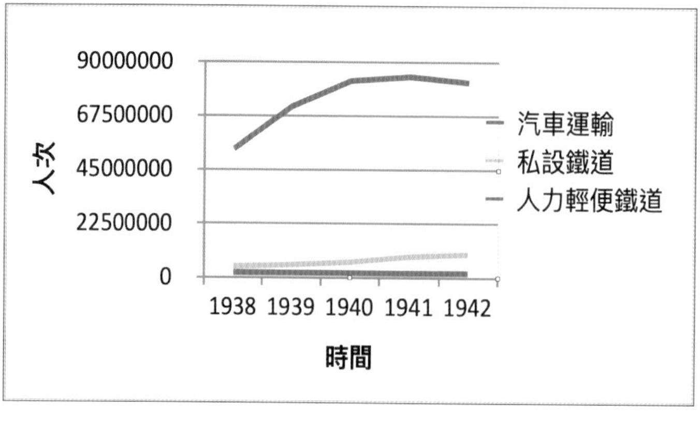

1938-1942 年臺灣汽車運輸、私設鐵道與人力輕便鐵道的客運量

左側「盛進商行茶鋪」位於今衡陽路與博愛路口，現為功學社音樂中心博愛店，老闆是鼎鼎大名的中喜次郎，為在臺崛起三大日資財閥之一。（圖片來源：李火增，榮町（今衡陽路和博愛路口），1942，夏門攝影企劃研究室提供）

日治時期臺北市營公共汽車，木造車身書有「台北市營乘合自動車」的字樣。（圖片來源：鄧南光，匆匆過客，臺北太平町丁四丁目，1940 年代，夏門攝影企劃研究室提供）

《簡吉獄中日記》的記錄

簡吉是戰前臺灣農民運動領導人，他在一九二九年二月被捕入獄一年，一九三一年又以臺灣共產黨黨員名義被捕，這次服刑十年。他第一次被捕入獄時，曾以日文撰寫日記。

簡吉原本被關在臺北刑務所，後來轉移回原判決地臺中刑務所，一九三〇年一月二十六日這天就是他從臺北回到臺中的日子，簡吉如此記載他再次回到臺中車站時所見景象：

「搭乘早上的快車前往臺中，午餐的便當是糯米的好飯菜。在臺北監獄裡每當外出時好像都吃這樣的便當。下午零時十分抵達臺中車站，可能是戴著斗笠的關係，本應很熟悉的臺中車站以及街道的情況卻都感到有些異樣，因為沒有眼鏡，感到一片模糊和猛烈晃動。去年作為被告來這裡的時候，還沒有汽車，現在汽車已經開到車站。」

從簡吉這段記載，我們得以微觀，一九三〇年代臺灣汽車運輸業成長速度之快。

資料可查的一九三七至一九四二年之間，臺灣汽車客貨運輸業的客運量，已遠遠超過島內所有鐵道與軌道的總和。

誰可以駕駛汽車？

前面提過，一九〇一年為了慈禧太后的生日禮物，中國引進了第一輛汽車。但接下來問題來了，由誰駕駛這輛車？

原來當時全中國根本沒有人有這類經驗。慈禧太后還為此下令招募駕駛，共有十一位來報名，結果有一位原本拉馬車的人，最快掌握到駕駛車輛的技巧而獲選。

在今天看來，駕駛汽車是一件輕而易舉的事，但在第二次世界大戰以前的臺灣，汽車駕駛本身就是頗具專業性的工作。

隨著臺灣汽車數量的增加，臺北廳在一九一九年九月二十六日發布了臺灣第一則地方性汽車管理規則，第十九條規定：成為汽車駕駛前，必須先接受官方的考驗。

臺灣首位通過駕照考驗的人是「神田自動車會社」修繕部的中桓藩居，他取得了甲種駕照。首位通過測驗的臺灣人則是住在大稻埕的徐裕發，取得乙種駕照。直到一九二四年時，全臺擁有汽車駕

左二站立者為林朝陽，他在一九三〇年創辦「竹山自動車商會」，經營竹山鹿谷間汽車客運。
（圖片來源：林寫真館，竹山、鹿谷間客運巴士，一九三〇，南投縣，林全秀提供）

照者只有一百三十名，但汽車有六百二十輛，汽車駕駛顯然供不應求。

當時駕照考驗由各州廳於春秋二季舉辦，共舉辦二至四次不等。有二至三階段的測驗，或先考筆試、或先考路試，不一而足。駕照分為甲、乙兩種，甲種駕照效用較大，可駕駛各類車輛；乙種駕照只能駕駛普通車輛，不能駕駛消防車、灑水車等特殊車輛，駕照有效期限為五年。不過，如果有以下情況則不能取得駕照：未滿十八歲、精神病與傷殘者、視力聽力不完全者、有害公安與風俗習慣之虞者、駕照被取消未達兩年者、及其他被認定為就業不適當者。

當時汽車駕照考試並不容易，通過率平均在百分之五至百分之三十之間，故而曾有人統計指出：當時參加駕照考驗，平均要考三次半才會及格。鑑於駕照考驗不易通過，

不論是鐵道或汽車，自發明以來，因為具有快速「移動」的能力，很快就搭上現代消費文化熱潮，成為廣告宣傳的利器。除了將標語或廣告懸掛於車輛內部或外側，車隊遊行或者改裝車體等嶄新理念，均可見於日治時期的臺灣，這類車輛所到之處總是引起騷動。（圖片來源：麗景照相館，麗景照相館開業四週年紀念宣傳車，新化鎮，1926，夏門攝影企劃研究室提供）

不僅坊間有人販賣試題測驗與講解的書籍，民間還出現類似今日「汽車駕訓班」的「自動車講習所」。

臺灣最早的汽車駕訓班設立於一九二五年，由日人鳥居秀雄創立，稱為「臺北自動車講習所」。之後，這類講習所陸續開辦，在一九二九年時，臺北已經設立二家，全臺共七、八家。

然而，進入這些講習所有一些門檻。在學歷上，至少要公學校畢業。學費的算法有兩種，一種是以月為單位，一個月十五圓；另一種分科別，速成科學費為三十、四十圓，本科八十圓左右，這些都包括食宿費用。一期名額從三十至一百人不等。

在修業期間，本科需時三個月、速成科需兩個月、研究科需一個月。但也有例外的情況，如第一自動車講習所本科只需兩個月，而類似速成科性質的「受驗科」只要一個月；高雄州自動車講習所速成科只需一個月，沒有研究科這個等級。

整體上，修業時間都頗長，很多學員都會住在講習所的宿舍；特別是上班族。臺北自動車講習所，在一九三一年四月十日開設夜間班，修業時間為一個月，上課時間從下午三時開始，先上三個小時駕駛訓練，再上兩個小時汽車知識。

基本上，當時擔任汽車駕駛是待遇不錯的職業，特別是在一九二〇年代臺灣汽車運輸業發展之初，由於汽車駕駛少，故非常搶手。臺北地區平均月收入約六十至七十圓之多，臺中地區初任者則為五十圓以上，擁有甲種駕照可能有一百圓以上。這種薪資水準與當時公學校教師相當，甚至有過之而無不及。

在戰前臺灣，汽車駕駛這個行業基本上以男性為主，但也可見到女性身影。一九二二年，臺北大稻埕即出現了中野小菊這位臺灣第一位女性汽車駕駛。

首位臺灣人女性汽車駕駛出現於一九二七年，是任職於臺中州大甲郡清水街「昭和自動車會社」的蕭鄭綢，她在一九二七年三月取得乙種駕照。她之所以學習駕駛汽車，是因為其夫婿在臺中市「老松自動車會社」擔任汽車駕駛，閒暇時就教導她駕駛技術。

從一九二六年開始，這個職業以臺人為主，臺日人比例在一九二六

日治時期的自動車講習所

講習所都教些什麼呢？不外乎汽車駕駛技術與相關知識，以應付駕照考驗之用。在汽車駕駛技術上，講習所內會設計平坦路面、斜坡、波狀路面、直線道、環狀道、交叉馬路等，讓學員熟悉各種道路型態；另有公路駕駛的課程，如臺北自動車講習所會讓學員駕車前往北投、士林、新店、新莊與基隆一帶。

在汽車知識上，教導學員汽車構造學、發動機學、電機學、點燈、始動法、材料學、燃料學、修理法、交通法規、地理常識、英語、日語、修身科等。第一自動講習所還會讓學員研習各地駕照考驗考題、汽車故障修理方法。可以看到，由於學員都有小學以上學歷，所以學科內容非常廣泛與專業，同時也意味著駕照考驗內容的艱難與複雜。

原住民汽車駕駛

在當時社會中，不僅女性擔任汽車駕駛會成為輿論焦點，原住民通過駕照考驗時，也受到矚目。

如花蓮港廳平野區的「ボヤルロオ」，日文名為藤村行雄，一九三一年自花蓮港公學校畢業，一九三四年一月進入屏東東洋自動車講習所，修業完畢後，即在同年度高雄州的駕照考驗中考取乙種駕照，隨即被屏東市役雇用。

當時報紙以「蕃人の運轉手高雄州て二人目東洋自動車講習所の『藤村行雄』君」作為標題，大肆報導這件事。

車掌小姐的消失

自汽車運輸業興起以來，車掌小姐這個稱呼幾乎與這個產業連繫在一起，如影隨形。

為何出現車掌小姐這個職業呢?毫無疑問，與早期車輛操作複雜、駕駛員無暇兼顧售票等其他事務有關。一九六〇年代末期，英國推出第一代後置引擎巴士，並連帶推動所謂一人控制模式（one-man-operation, omo），之後車掌小姐這個職業才慢慢消失。

美麗的車掌小姐扶著老人家下車。2012 年中臺灣燈會出現一則尋人啟事，豐原客運希望老照片裡那位美麗的車掌回娘家與大家團聚。經過地方媒體的報導，加上網路的威力，總算皇天不負苦心人，車掌依舊美麗，她專心地在尋人看板上簽下自己的名字，作為留念。（豐原客運提供）

年約為一．二五：一，一九二八年約為二：一，一九三二年約為三：一，一九三九年則約為四．五：一。

跨政權繼承關係

基於戰前臺灣汽車運輸業相當興旺，加以市區電車鋪設計畫始終停留於紙上作業，而使得臺灣社會在很長一段時間，都市交通與地方交通只能仰賴汽車運輸業。

不論在臺北、高雄等主要都市搭

大臺北公共汽車前身的臺北市營乘合自動車

臺北市營乘合自動車的成立背景已如前章所述，其創業之初，以原民營業者的營運路線作為範圍，也就是以人口較為密集的萬華、大稻埕為起點與終點。後來，臺北市營乘合自動車轉變為以城內作為路線轉運中心、呈放射狀向四周延伸的特色，不論是南至北、東至西、東至南、東南至北等路線，均需途經城內再轉往城外方向。

至一九四〇年時，已具有多達十六條路線，涵蓋大臺北地區。

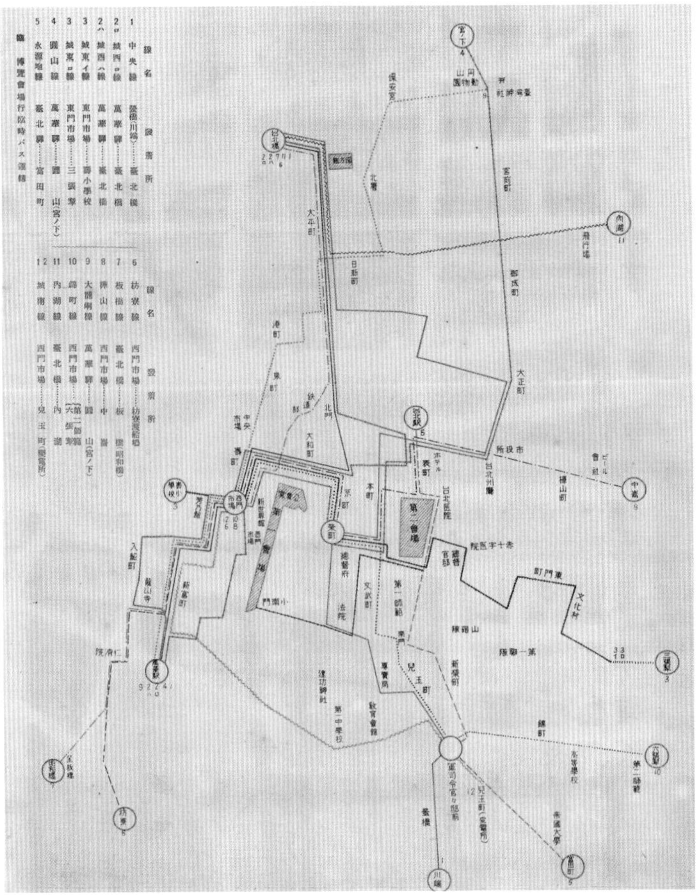

一九二五年臺北市營公共汽車路線圖（圖片來源：臺灣時事新報社）

1934 年臺灣民營鐵道業者（包括人力輕便鐵道業者）兼營汽車運輸的情形

企業名稱	法定資本額／萬圓	民族別	本業	營業範圍	原經營交通工具	設立時間	兼營時間
基隆輕鐵株式會社	20.0	臺人	交通	基隆	蒸汽鐵道 人力輕便鐵道	1910	1933
海山輕鐵株式會社	50.0	臺人	交通	臺北	人力輕便鐵道	1917	1929
桃園軌道株式會社	150.0	臺人	交通	桃園 新竹	人力輕便鐵道	1903	1923
臺灣軌道株式會社	40.0	日人	交通	新竹 臺中 臺南	人力輕便鐵道	1919	1927
展南拓殖株式會社	100.0	臺人	製糖	新竹 苗栗	人力輕便鐵道	1917	1929
臺中輕鐵株式會社	122.5	臺人	炭礦	臺中	人力輕便鐵道 蒸汽鐵道	1918	1936
新高製糖株式會社	2,800.0	日人	交通	彰化	人力輕便鐵道 蒸汽鐵道	1908	1935
帝國製糖株式會社	1,800.0	日人	交通	中部	人力輕便鐵道 蒸汽鐵道	1910	1929
大日本製糖株式會社	5,141.6	日人	製糖	中南部	人力輕便鐵道 蒸汽鐵道	1896	1938
新化軌道株式會社	8.6	臺人	交通	臺南	人力輕便鐵道	1922	1929
臺灣輕鐵株式會社	20.0	臺人	交通	臺南	人力輕便鐵道	1912	1926
烏樹林製鹽株式會社	30.0	臺人	製鹽	臺南	人力輕便鐵道	1923	1938
彰化輕鐵株式會社	10.0	臺人	交通	彰化	人力輕便鐵道	1922	1931
南投輕鐵株式會社	12.0	臺人	交通	南投	人力輕便鐵道	1913	1931

資料來源：作者自製

乘公共汽車，或者在其他縣市搭乘由桃園汽車客運股份有限公司、苗栗客運股份有限公司、彰化客運股份有限公司、員林客運股份有限公司、臺西客運股份有限公司、興南客運股份有限公司、高雄客運股份有限公司等民營業者提供的汽車客運服務，乃至於使用諸如新竹貨運所提供的寄送服務，都與戰前臺灣汽車運輸業有很深的繼承關係。

戰前臺灣汽車運輸業主要由兩股資本系統構成：一是民營人力輕便鐵道業者與民營鐵道業者所兼營，另一則是臺灣人與少數日本人，以購買幾輛車的方式投入於地方交通市場。

一九三〇到四〇年代，臺灣汽車運輸業歷經兩波企業合併的風潮，而這兩波企業合併的風潮都有官方勢力介入。

一九三〇年代的第一波合併風潮，肇因於這個產業的業者過多，已陷入惡性競爭的局面。一九四〇年代的合併風潮，則與日本殖民政府為了因應戰爭局勢有關；也就是說，汽車運輸所需的汽油、輪胎、車體、零件等，都帶有戰爭資源色彩，汽車車輛也可用於軍事運輸之用，因此日本殖民政府希望透過汽車運輸業者的合併，讓資源獲得充分整合。

經過上述兩波企業合併，臺灣汽車運輸業的分布便如今日所見，各個地區由少數一、兩家業者所掌

雪佛蘭新車撮影
新竹汽車客運股份有限公司
15-5010

從日治時期到戰後，苗栗客運與新竹客運的木造車體到鋼製車體演進過程。（新竹客運提供）

臺灣人力輕便鐵道企業轉型為汽車客運一覽

公司名稱	開業時間	法定資本額	日資		臺資		改組公司後名稱
			金額	百分比	金額	百分比	
新竹州自動車運輸株式會社	1938	500,000	293,425	58.69	206,575	41.32	新竹汽車貨運股份有限公司
高雄州自動車運輸株式會社	1937	500,000	464,575	92.92	35,425	7.09	高雄汽車貨運股份有限公司
臺南州自動車運輸株式會社	1940	1,200,000	897,500	74.79	302,500	25.21	臺南汽車貨運股份有限公司
臺東廳自動車運輸株式會社	1943	150,000	145,750	97.17	4,250	2.83	臺東汽車貨運股份有限公司
花蓮港自動車運輸株式會社	1945	52,500	48,000	91.43	4,500	8.57	花蓮港汽車貨運股份有限公司
臺中州自動車運輸株式會社	1941	1,400,000	970,375	69.31	429,625	30.69	臺中汽車貨運股份有限公司
臺北州自動車運輸株式會社	1938	1,500,000	1,014,750	67.65	485,250	32.35	臺北汽車貨運股份有限公司
新港自動車商會	1940以前	83,500	83,500	100.00	0	0.00	公路局
花蓮港乘合自動車株式會社	1940以前	225,000	223,500	99.33	1,500	0.67	公路局
臺灣軌道株式會社	1919	600,000	460,080	76.68	139,920	23.32	新竹汽車客運股份有限公司
臺灣交通株式會社	1918	1,428,000	1,251,650	87.65	176,350	12.35	公路局
臺北近郊乘合自動車株式會社	1942	650,000	332,800	51.20	317,200	48.80	公路局
南邦交通株式會社	1912	600,000	202,300	33.72	397,700	66.28	公路局

豐原乘合自動車株式會社	1942	700,000	494,500	70.64	205,500	29.36	豐原汽車客運股份有限公司
蘭陽乘合自動車株式會社	1942	500,000	131,500	26.30	368,500	73.70	公路局
臺南乘合自動車株式會社	1942	195,000	44,320	22.73	150,680	77.27	臺南汽車客運股份有限公司
嘉義乘合自動車株式會社	1942	1,000,000	140,350	14.04	859,650	85.97	嘉義汽車客運股份有限公司
桃園交通株式會社	1920	1,500,000	46,500	3.10	1,453,500	96.90	桃園汽車客運股份有限公司
臺西乘合自動車株式會社	1942	500,000	15,000	3.00	485,000	97.00	臺西汽車客運股份有限公司
高雄乘合自動車株式會社	1941	800,000	21,000	2.63	779,000	97.38	高雄汽車客運股份有限公司
新營乘合自動車株式會社	1941	350,000	6,100	1.74	343,900	98.26	新營汽車客運股份有限公司
興南乘合自動車株式會社	1919	600,000	56,000	9.33	544,000	90.67	興南汽車客運股份有限公司
屏東乘合自動車株式會社	1942	600,000	6,250	1.04	593,750	98.96	屏東汽車客運股份有限公司
彰化乘合自動車株式會社	1942	750,000	66,000	8.80	684,000	91.20	彰化汽車客運股份有限公司
員林乘合自動車株式會社	1942	850,000	850	0.10	849,150	99.90	員林汽車客運股份有限公司
合計	總體	17,234,000	7,416,575	43.03	9,817,425	56.97	
	客運	11,931,500	3,582,200	30.02	8,349,300	69.98	
	貨運	5,302,500	3,834,375	72.31	1,468,125	27.69	

註：基隆輕鐵株式會社在 1942 年更名為南邦交通株式會社

臺灣人力輕便鐵道企業轉型為汽車客運一覽

企業名稱	設立時間	轉型時間	變更後之企業名稱	戰後企業名稱
桃園軌道株式會社（簡朗山）	1903	1943	桃園交通株式會社	桃園客運
新化軌道株式會社（梁道）	1909	1937	併入臺南乘合自動車株式會社	臺南客運
基隆輕鐵株式會社（基隆顏家）	1910	1942	基隆交通株式會社	基隆客運
臺灣輕鐵株式會社（臺南辛家）	1912	1937	興南乘合自動車株式會社	興南客運
南投輕鐵株式會社（林崧雨）	1913	後併入帝國製糖		
海山輕鐵株式會社（基隆顏家）	1917		後併入臺灣軌道統制株式會社	消失
展南拓殖株式會社（黃維生）	1917		後併入臺灣軌道統制株式會社	臺灣經建
臺中輕鐵株式會社（坂本素魯哉）	1918	1941	臺灣交通株式會社與豐原客運合併	
臺灣軌道株式會社（赤司初太郎）	1919		未更名	新竹客運
彰化輕鐵株式會社（呂世明）	1922	不詳	不詳	不詳

括弧內是企業代表性人物或家族，原則上以社長為主，也可能是背後主要出資者。

從日治時期到戰後，苗栗客運與新竹客運從木造車體演進到鋼製車體的過程。（苗栗客運提供）

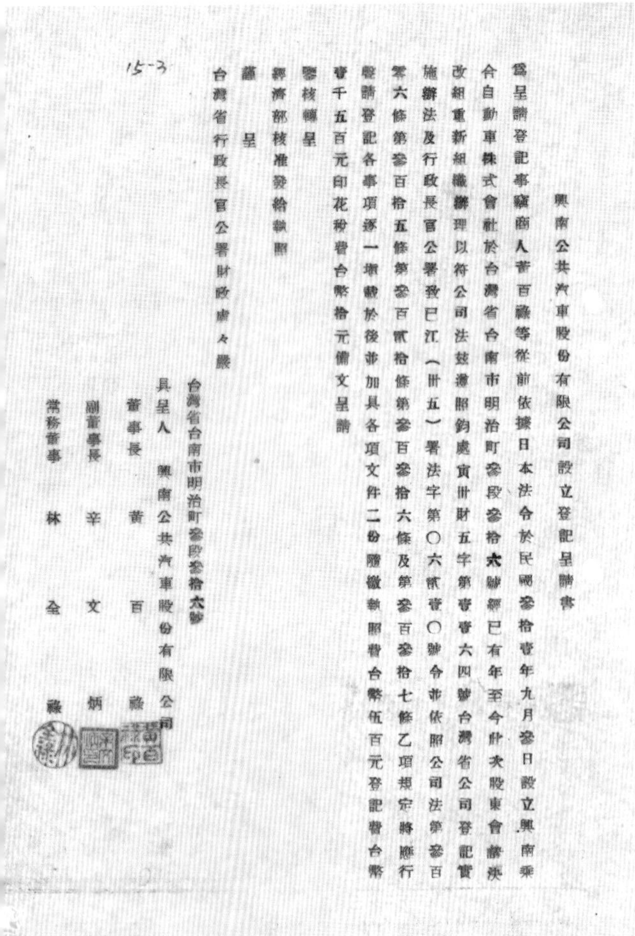

15-3

興南公共汽車股份有限公司設立登記呈請書

為呈請登記事竊商人黃百祿等從前依據日本法令於民國參拾壹年九月參日設立興南乘合自動車株式會社於台灣省台南市明治町參段參拾六號經已有年至今卅六股東會議決改組重新組織辦理以符公司法茲遵照鈞處寅卅財五字第壹壹六四號台灣省公司登記實施辦法及行政長官公署致巳江（卅五）署法字第〇六貳壹〇號令並依照公司法第參百零六條第參百拾五條第參百貳拾條第參百參拾六條及第參百參拾七條乙項規定將應行聲請登記各事項逐一塡載於後並加具各項文件二份暨繳執照費台幣伍百元登記費台幣壹千五百元印花稅費台幣拾元備文呈請

鑒核轉呈

經濟部核准發給執照

謹　呈

台灣省行政長官公署財政處々長

具呈人　興南公共汽車股份有限公司
台灣省台南市明治町參段參拾六號

董事長　黃百祿

副董事長　辛文炳

常務董事　林全祿

右上圖：我們可以看到車體上有「日新バス」的字樣，右前輪正好停在軌道中央。這家企業由展南拓殖株式會社汽車運輸部門獨立出來，經營者皆來自同一家族，算是另類關係企業。（苗栗客運提供）

左上圖：在 1950 年代，新竹客運的車輛出現於橋梁通張典禮，舊有輕便鐵道橋梁仍清晰可見。（新竹客運提供）

左圖：戰後初期，興南客運向臺灣省政府申請企業重登記。興南客運的前身為 1912 年創立的臺灣輕鐵株式會社，這家企業於 1942 年更名為專營汽車客運的興南乘合自動車株式會社，至今仍在營運，有 105 年的歷史。

一九六五年臺灣民營汽車客貨運企業的分布圖，臺灣各縣市汽車客貨運業者多在戰前便成立。

握：原本以人力輕便鐵道為本業的民營業者，大部分都放棄本業，轉型為專營汽車客運的企業。

戰前，臺灣人企業家大舉投入汽車運輸業，並成為這個產業的主體。戰後，他們以汽車運輸業所累積的利潤、技術、現代產業經營、人際關係網絡，往「以出口為主的製造業部門」之中小企業邁進。

新竹貨運與許金德先生

許金德生於一九〇八年十二月三十日，是新竹南寮港雙寬竹圍人，父許明、母倪謹、祖父許碖。許明運用經營木材山產所得，購置田地。

許金德於一九一四年入私塾，一九一七年入新竹第一公學校，一九二三年入臺北第二師範學校，一九二九年入苗栗公司寮公學校任教，一九三一年轉任新竹小學校，一九三四年轉任新竹關西公學校。許金德轉任新竹關西公學校，成為他日後參與汽車運輸業的契機。

許金德後人在追憶其生前事蹟的《璀璨的領航——許金德先生追慕集》中提到：許金德轉到這家學校之後，「同事之中，有一位與他特別談得來，係新竹州自動車運輸株式會社社長的胞弟，他將金德先生介紹予他的胞兄社長，於是金德先生正式接觸貨運工作。」

新竹州自動車運輸株式會社成立於一九三八年十一月，社長為林田正治。許金德結識的應為林田正治之弟林田德治。許金德敏銳地嗅到了汽車貨運業未來商機，於是放棄穩定的教育工作，進入該企業任職。不久後，因能力卓越而升任課長。

戰後初期，許金德已成為這家企業的領導人，後來以新竹貨運為基礎，建構出資產總值達新臺幣十億餘元的「集團企業」，並多元投資了士林電機、南港輪胎、臺灣麥芽化學、中華油脂倉儲運輸、臺灣電容製造廠等企業，如《璀璨的領航》所言：「在金德先生眾多的企業中，新竹貨運的事業規模雖不是最大，但它橫跨了兩個時代，由這個母體，金德先生發展了其他企業，也由它的成功而走上為民喉舌的二十多年省議員生涯。所以，這公司是金德先生至為珍視的基業。」

全面迎向公路時代

臺灣汽車運輸的基礎擘劃於日本殖民統治時代。不過，戰前日本帝國的陸運政策是鐵道為主，汽車運輸附屬於鐵道部門之下，這樣的情況在中華民國政府接收臺灣後徹底翻轉了。

自明治維新期以來，日本政府的陸運政策即師法德國，鐵道交通居於獨占地位。隨著汽車運輸逐漸造成鐵道部門的威脅之後，日本政府便設計出汽車運輸須從屬於鐵道的「制度」。

一九二九年，日本政府將汽車運輸業的監督權從「遞信省」（管轄通信、電力）移轉到「鐵道省」，並且在鐵道省新設「陸運課」。一九三二年，臺灣總督府跟隨日本本土的腳步，將原本隸屬警察系統的陸運監督權移交給「臺灣總督府交通局鐵道部」，鐵道部內部新設「自動車課」。

基於以上的政策方針，陸上交通系統以鐵道為本位，連結周邊的汽車運輸，汽車運輸成為鐵道的輔助交通手段，戰前臺灣民營鐵道／人力輕便鐵道業者才會如前所述，取得了涉足汽車運輸市場的空間，並在後來徹底轉型為汽車運輸業者。

二次大戰結束之後，中華民國政府接收臺灣，接收的方式是以建立與殖民地政府對等機構方式進行，亦即衡量臺灣總督府所有單位之後，再成立性質相仿、層級相當的單位。

針對汽車運輸事業，「臺灣省行政長官公署」在內部成立交通處，下設「鐵路管理委員會汽車處」（一九四五年十一月一日成立）負責相關業務，汽車運輸持續附屬於鐵道。

然而，當時負責交通事業接收工作的交通處長任顯群注意到，臺灣道路的密度高於當時中國各省，汽車運輸對國防軍事、民生建設與戰後復原尤其重要，發展相關業務不可無專責機構。

這位接收大員的想法讓臺灣省公路局在一九四六年八月一日成立了，汽車運輸事業正式由鐵道部門獨立出來。

在臺灣省公路局成立之初，並未立刻擺出與鐵道部門一決雌雄的態勢，當時政府高層仍然期待汽車運輸能夠配合鐵道營運，避免不必要的競爭，只是後來事態的發展超出原本的預期太多。

二次大戰結束時，臺灣道路里程約為一萬七千公里，不過有五分之二是羊腸小徑，路面狀況普遍不良，符合現代道路水準僅約三千公里。另一方面，盈餘二戰期間盟軍空襲的摧殘，臺灣道路真正能通行範圍，更剩不到全部里程的百分之四十。

臺鐵與公路局的競爭

搭乘公路局巴士南來北往，曾經是老一代臺灣人的共同歷史記憶。而公路局之所以經營巴士，緣起於前面提到的日本帝國之陸運政策。

「臺灣總督府鐵道部」從一九三〇年開始派人調查兼營汽車運輸的可能性，一九三三年七月正式開辦所謂「局營自動車」（「局」是指一九二四年新設的「臺灣總督府交通局」，下轄「鐵道部」、「遞信部」、「海務部」等），而「局營自動車」歸「臺灣總督府鐵道部自動車課」管轄。

中華民國政府接收臺灣後，「局營自動車」先由「鐵路管理委員會汽車處」負責經營，再劃歸為臺灣省公路局的業務，並且與原本的老大哥——臺鐵（前身為「鐵道部」），展開一場搶客大戰。

暫且忽略臺鐵與公路局在票價、車輛購置、路線開闢、營運策略有所差異等主客觀因素，公路局在一九五八年的客運量已超越臺鐵，一九七二年二年以後更達到臺鐵的兩倍。

臺鐵與公路局在客運量的此消彼長，正好反映出戰後臺灣陸上交通的演進趨勢。

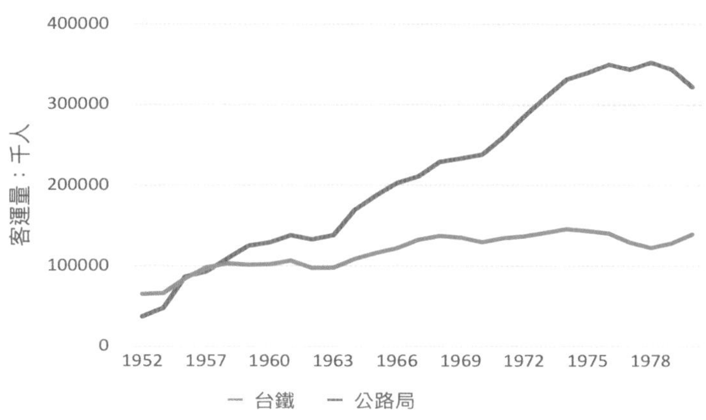

臺鐵與公路局的客運比較
資料來源：根據交通部統計處《民國六十九年交通統計要覽》製作

中華民國接收臺灣之後，利用美援挹注，不僅全力恢復受到破壞的道路與橋梁，更進行拓寬、路面鋪裝、改建鋼筋水泥橋樑等工程，將道路品質逐漸提升到先進國家的水準。之後再透過一系列重大公路建設，打造出四通八達的網絡；特別是南北高速公路的通車，將臺灣汽車運輸帶入「快速時代」。

反觀鐵道交通雖努力維持既有規模，甚至計劃透過「電氣化」、「環島鐵道網」等重大建設達到脫胎換骨的效果，但仍難以抗衡汽車運輸強大的挑戰，總里程逐漸減少為全盛期（「鐵道部」時期）的一半；而絕大多數的糖業鐵道更面臨拆除或荒廢的命運，僅留下零星路段，供歷史憑弔之用。

從「快速公路」到「高速公路」

戰後臺灣在地方道路系統，與二戰前相較，最重要的突破是「快速公路」的興建，第一條快速公路於一九六四年通車，稱為「麥帥公路」。

如今「麥帥公路」已化身為中山高速公路的部分路段。當年興建麥帥公路，是為了紓解臺北與基隆之間日益繁忙的交通，並帶有軍事意義，因此比照國外高速公路的形式，設計為封閉式的汽車專用公路。

同時，自一九六三年起，政府內部就著手研議南北快速公路的興建。一九六七年三月，特別聘請世界銀行交通專家來臺考察臺灣陸上交通系統，這位專家建議，臺灣應該興建一條縱貫南北的快速公路。基於此一建議，臺灣省政府公路局開始規劃開闢一條由臺北至屏東的四線快速公路，以配合臺灣經濟發展的需要，並緩和西部交通的擁擠現象。當時初估經費是新臺幣一百億元。

接下來，官方開始與世界各國及國際組織交涉，包括：如何取得貸款、如何規畫相關工程，並於一九六八年十一月正式委託國外顧問團負責辦理，此一重要公路交通建設計畫進入實際工作的階段。後來基於國外顧問團的建議，這條南北快速公路的興建計畫從原本四線道擴充為六線道。

一九六九年八月三十日，時任行政院長的嚴家淦宣布，這條南北高速公路列為歸中央管

作為中山高速公路前身的麥帥公車通車畫面

理的「國道」。因為依照公路法規定，國道是以首都為中心或跨越兩省以上，並聯絡重要港口機場、邊防重鎮、國際交通及重要政治經濟中心之主要路線。當時臺北市已成為院轄市，不再屬於臺灣省的一部分，但這條南北快速道路穿越臺北市及臺灣省各縣市，自應列為國道。嚴家淦同時表示：南北快速公路將由中央直接負責修建、運輸、安全及其他有關業務，先行興建北部路段。

為了興建中山高速公路，行政院責成交通部於一九七〇年一月成立「臺灣區南北高速公路工程局籌備處」。同年六月，正式成立「交通部臺灣區高速公路工程局」。國道高速公路在興建過程中採分區通車的方式，北區路段於一九七四年七月二十九日完工通車，並將麥帥公路絕大部分路段劃入。

一九七八年十月三十一日中山高速公路全線完工通車，同年十二月「交通部臺灣區高速公路工程局」改制為「交通部臺灣區國道高速公路局」。

麥帥公路施工和完工

epilog

結語 下一個百年

一九六七年，美國史丹福大學提出一項研究報告：「鐵道遲早會被摒棄於快速的飛機、廉價的巴士和伸縮自如的家用汽車等運輸園地之外。」

這樣的研究結論相當適合套用在二次大戰結束後的臺灣。

一九八一年，臺灣道路總長為一六九六五公里，此一數字在二〇一七年成長為四三一三三公里，平均每年增加約七百公里；臺灣南北縱長不過約四百公里，等於是每年以兩個臺灣的長度在成長，幅度相當驚人。

同樣在二〇一七年，政府登記在案的各式車輛為二一八七萬輛，相當於每個國民幾乎擁有一輛，但在一九八〇年，全臺車輛約為四百六十四萬輛，對應到當時約一千八百萬的人口數，平均每四個人擁有一輛車；同樣的數字在一九五九年只有三萬兩千輛左右，平均三百四十三個人擁有一輛車。

大眾捷運在日常生活中的重要性日漸提升。高雄輕軌（攝影：陳映彤）

臺北捷運文湖線（陳映彤提供）

臺灣高鐵的原始名稱

「高鐵」、「高速鐵路」是現今臺灣民眾習以為常的名詞。這個名詞經常與日本「新幹線」直接聯想在一起，一般大眾對此一名詞的理解大概是時速超過兩、三百公里以上的「列車」。

不過，若爬梳戰後臺灣的新聞報導或官方檔案便會知曉，「高鐵」或「高速鐵路」原本並不存在於臺灣新聞報導之中，當初日本研發所謂「新幹線」之際，臺灣新聞報導乃是以所謂「超高速電車」或「超級快車」等名詞來稱呼。

時至今日，臺灣陸上交通仍以汽車運輸為主體，不過伴隨大眾捷運系統興建以及高鐵通車，鐵道／軌道在我們日常生活的重要性，似乎正在悄悄提升。

如前所述，大眾捷運系統的興建背景，旨在解決都市壅塞問題。高鐵起源於日本新幹線，這項時速超過兩百公里以上的列車，在前一次東京奧運開幕前的橫空出世，不僅再次在速度感帶給人類強大震撼，也成為全球鐵道交通復興的重要契機。

直到二十一世紀初期，臺灣人才在這塊土地上享受高鐵在速度上的震撼感。不過，臺鐵早在一九七四年便在內部設立「發展建築超級鐵路專題研究小組」，進行縱貫臺灣南北「超級鐵路」的可行性之研究工作。

換句話說，臺灣高鐵從研議到正式通車，花了三十年以上的時間。不論是臺灣高鐵的興建過程歷經

歷經波折的臺灣高鐵

臺鐵在歷年的研究結論裡都強調：根據一九七〇年代以來臺灣經濟發展速度與人口增加情形，若不建造這條「超級鐵路」，則須另建第二條高速公路，以解決陸上交通雍塞問題，所以建造「超級鐵路」乃有必要。

值得注意的是，一九七〇年代正值前述十大建設之縱貫鐵道電氣化進行期間（施工期間約莫為一九七三—一九七九年），此一研究工作認為：電氣化與超級鐵路不但是一前一後而不相悖，而且是互為呼應、相輔相成的，因為電氣化是第一步，而超級鐵路是第二步。

一九七九年，臺灣省政府責成臺灣省鐵路管理局進行彰化至高雄路段的路線探勘，並研擬建設超級鐵路所需設備之費用，臺灣省政府官員並表示：「由於闢建高速公路所需土地遠多於闢建超級鐵路，將來交通必須時，勢必以建築超級鐵路為優先。」

一九八〇年，上述超級鐵路研究小組完成了為期六年的研究調查工作，這包括土木工程、路線勘測、機務工程、電務工程、營運等各方面。經過初步選定，這條超級鐵路將由基隆經山線到高雄，全長約三六八．五公里，軌距為比縱貫鐵路更寬之四呎八．五吋（一四三五公釐），沿途停靠臺

行駛中的臺灣高鐵（圖片來源：維基百科，攝影：Encino）

北、龍潭、新竹、苗栗、臺中、中興新村、雲林、嘉義、臺南等九站，最高可達每小時兩百五十公里，平均行車速度將保持在每小時兩百公里左右，臺北到高雄的行車時間為九十多分鐘。

依照當時物價推估，這條「超級鐵路」的工程費用將達新臺幣一千五百至兩千億元之間。這份研究報告還指出：如果僅考慮縱貫鐵道本身運量何時發生不足，臺灣於二〇〇〇年便有興建超級鐵路的必要。但如果是考慮到所有鐵公路的不足運量將轉嫁由鐵道負擔，一九九〇年後，臺灣便有興建超級鐵路的必要；所謂一九九〇年的概念，是指這份研究報告完成後十年，政府必須立即投入此項工程。

很快地，臺灣省政府將這項研究報告呈報行政院，並建議臺灣超級鐵路應於一九九一年就開工，並於一九九六年完工。雖然行政院將這份研究報告交給交通部，但交通部似乎將之付諸高閣。

直到一九八七年，臺灣省鐵路管理局才在交通部的要求之下，再次辦理可行性研究工作，其名稱為「臺灣西部走廊高速鐵路可行性研究」。臺灣省鐵路局在一九九〇年二月完成此一工作，同年四月十二日經行政院院會審查通過高速鐵路興建計畫（名稱已經從「超級鐵路」改為「高速鐵路」）。

隔年，行政院正式核定「臺灣南北高速鐵路建設計畫」，並設立高速鐵路工程籌備處於交通部。接下來，臺灣高速鐵路的建設歷經了一場峰迴路轉的過程。

臺灣高鐵（攝影：陳映彤）

波折或大眾捷運系統的誕生緩慢，都存在著相當複雜的主客觀因素，並非純然基於交通政策的結果。當我們稍微總結一下，過去百年諸多鐵道／軌道建設遭到主政者或者臺灣社會反對的理由，通常是財政困難（代價太高）、不符合經濟效益（當下沒有那麼多客貨運需求），簡單來說就是「不切實際」。

取而代之的是，臺灣汽車運輸相當早取得發展契機，當其他國家或地區的都市交通手段，仍停留在市區電車階段，臺灣已經「提前」進入汽車運輸（公共汽車）的領域。

這本書並不是要推崇鐵道／軌道交通優於汽車運輸這個觀念，鐵道／軌道建設必須在短期內大量投入資金、工程耗時且規模龐大、成本回收過程漫長等特徵，確實容易讓人望之卻步。

然而，後見之明卻告訴那些主政者或者臺灣社會，我們仍然需要這

臺灣高鐵（攝影：陳映彤）

些曾被認為「不切實際」的高鐵、大眾捷運系統、市區軌道（電車）。畢竟，臺灣土地面積相當有限，無法擁無限制地興建道路提供汽車行駛或停放，大量汽車移動還會衍生了空氣汙染與噪音等問題。

臺灣鐵道／軌道建設總是落後於鄰近國家，更是不爭的事實。

反過來說，如果高鐵與大眾捷運系統的出現，重新讓臺灣社會體會到鐵道／軌道交通在日常生活的便利性與不可取代性，這樣的良好經驗應可更早感受到。

當前，世界各主要先進國家為了因應極端氣候、能源不足、人口老化等課題，莫不調整原以汽車運輸為主的交通政策，積極建構涵蓋長程高鐵、區間鐵道系統、市區軌道（電車）、大眾捷運系統以及地下鐵道系統的完整鐵道／軌道運輸體系、動力來源為電力，符合低碳生活的新興文明規範。

堵車：臺鐵復甦的契機

隨著各式車輛的遽增，特別是個人汽車在一九七〇年代以後快速普及，直接衝擊到汽車客運業者的生存，搭乘人數大幅減少；畢竟搭乘巴士的便利性不僅低於自行駕車，更要忍受壅塞之苦。對於無足夠經濟能力購買自用車輛或不想要在車滿為患的道路浪費寶貴時間的人來說，透過行駛於固定軌道來完成定時發車、準時抵達要求的鐵道，毋寧是相當不錯的選項。大約在一九八〇年代以降，汽車客運的搭乘人數開始快速下滑，反觀鐵道的旅客人數逐漸回升，此一趨勢在一九九〇年代以後更為顯著。

鐵道與汽車運輸的運量比較

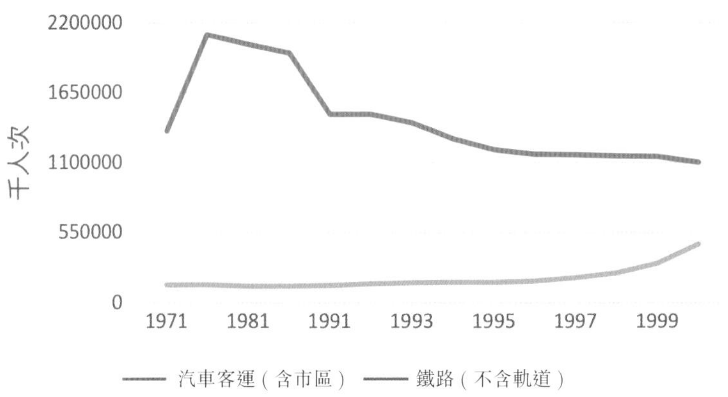

下一個百年的臺灣交通，究竟應該繼續維持「公路萬能」的想法，或者真正走向鐵道／軌道復興之路？希望這本書可以作為歷史借鏡，提供給大家思考。

臺灣高鐵燕巢機廠（圖片來源：維基百科，攝影：Chopstick）

臺北捷運高運量淡水線（攝影：陳映彤）

阿里山林鐵祝山線（攝影：陳映彤）

北迴線（攝影：陳映彤）

南迴線（攝影：陳映彤）

平溪線（攝影：陳映彤）

內灣線（攝影：陳映彤）

臺東縣（攝影：陳映彤）

臺東線（攝影：陳映彤）

糖業鐵道：虎尾糖廠馬公厝線（攝影：陳映彤）

糖業鐵道：虎尾糖廠（攝影：陳映彤）

阿里山林鐵登山本線：沼平線（攝影：陳映彤）

深澳線（攝影：陳映彤）

宜蘭線（攝影：陳映彤）

舊山線（攝影：陳映彤）

縱貫線（攝影：陳映彤）

CK101 蒸汽火車（攝影：陳映彤）

CK124 蒸汽火車（攝影：陳映彤）

普快車/ 光華號（攝影：陳映彤）

莒光號（攝影：陳映彤）

復興號（攝影：陳映彤）

自強號柴聯車（攝影：陳映彤）

自強號電聯車（攝影：陳映彤）

推拉式自強號（攝影：陳映彤）

太魯閣號（攝影：陳映彤）

普悠瑪號（攝影：陳映彤）

新竹客運（攝影：邱暉）

桃園客運（攝影：邱暉）

苗栗客運（攝影：邱暉）

彰化客運（攝影：邱暉）

豐原客運（攝影：邱暉）

台西客運（攝影：邱暉）

屏東客運（攝影：邱暉）

高雄客運（攝影：邱暉）

興南客運（攝影：邱暉）

參考書目

一、史料

（一）檔案與公私文書

臺灣總督府公文類纂（國史館臺灣文獻館藏）：

〈臺中南投間輕便鐵道敷設認可等ノ件〉，一九〇六年十二月，第四九六三冊，第三十五號，十五年特殊。

〈宜蘭廳下二輕便鐵道敷設ノ為メ補給廠保管鐵軌保管轉換二關スル件〉，一九〇一年七月，第六五九冊，第三十四號，乙種永久保存。

〈新竹地方林業視察復命書〉，第九十四冊，第五號，一八九六年九月十三日，乙種永久保存。

〈鳳山廳輕便鐵道布設特許ノ件〉，一九〇五年十月，第四八七九冊，第二號，十五年特殊。

日本政府檔案（亞細亞資料中心下載）：

〈台湾鉄道布設に関する件〉，《壹大日記》，防衛省防衛研究所，一八九七年五月，檔號：C04013404200。

〈汕樟軽便鉄道 自大正五年十二月〉，《支那電気軽便鉄道関係雑件：第二巻》，外務省外交史料館，一九一六年十二月，檔號：B04010919000。

〈明治三十一年・勅令第二百四十六号・台湾陸軍補給廠条例改正〉，《御署名原本》，國立公文書館藏，一八九八年十月，檔號：A03020354500。

〈福州、馬尾間軽便鉄道 自大正四年十二月〉，《支那電気軽便鉄道関係雑件：第一巻》，外務省外交史料館，一九一五年十二月，檔號：B04010918100。

臺灣省政府檔案：

〈為本省民營汽車客運公司是否均已照章辦理公司登記檢附一覽表電請查照見復由〉，「營造廠商登記」，臺灣省政府檔案，國史館臺灣文獻館藏，掃描號：0041311901000б，一九五〇年八月十二日。

〈興南公共汽車公司設立登記未准批復案〉，「公司登記卷」，臺灣省政府檔案，國史館臺灣文獻館藏，掃描號：0044820008506015，一九四九年六月二十四日。

營業報告書：

〈臺北鐵道株式會社第六至第五十期營業報告書〉（1922.1.1-1944.6.30），《臺北鐵道株式會社營業報告書》，日本東京大學經濟學部圖書館藏、中央研究院人文社會科學聯合圖書館微縮資料，索引號：5R-385-K2613。（缺第三十五期與第四十七至第四十九期）。

議事錄：

《臺北市議會第一屆第二次大會暨第十一次臨時大會（上）議事錄》，一九七〇年十一月十六日。

《臺北市議會第一屆第二次大會暨第十一次臨時大會（下）議事錄》，一九七〇年十二月十六日。

《臺北市議會第一屆第三次臨時大會議事錄》，一九七〇年四月二十日。

《臺北市議會第一屆第四次定期大會議事錄》，一九七一年十二月十七日。

〈建議政府在臺北市及高雄市先後舉辦電車〉（1961-11-20）：〈臺灣省議會史料總庫・議事錄〉典藏號：003-02-040A-01-5-3-06-05549

〈建議政府在臺北市及高雄市先後舉辦電車〉（1962-05-07）：〈臺灣省議會史料總庫・公報〉典藏號：003-02-050A-07-5-4-06-00084。

日記、傳紀、公司史：

高雄汽車客運股份有限公司編（出版年不詳），《高雄汽車客運五十週年紀念特刊》。高雄：高雄汽車客運股份有限公司。

郭華隆總編（二〇〇三），《桃園汽車客運創立壹百周年特刊》。桃園：桃園汽車客運股份有限公司。

黃才郎主編（一九九四），《璀璨的領航 許金德先生追慕集》。臺北：財團法人許金德先生紀念基金會。

簡吉著、簡敬等譯、陳慈玉校註（二〇〇五），《簡吉獄中日記》。臺北：中央研究院臺灣史研究所。

（二）統計與調查報告

臺灣總督府鐵道部編（一九〇七），《臺灣總督府鐵道部第八年報》。臺北：臺灣鐵道部。

臺灣總督府鐵道部編（一九一〇），《臺灣總督府鐵道部第十一年報：明治四十二年》。臺北：臺灣總督府鐵道部。

臺灣總督府鐵道部編（一九一四），《臺灣總督府鐵道部第十六年報：大正三年》。臺北：臺灣總督府鐵道部。

臺灣總督府鐵道部編（一九一五），《臺灣總督府鐵道部第十七年報：大正四年》。臺北：臺灣總督府鐵道部。

臺灣總督府鐵道部編（一九一八），《臺灣總督府鐵道部第二十一年報：大正八年》。臺北：臺灣總督府鐵道部。

臺灣總督府鐵道部編（一九二二），《臺灣總督府鐵道部年報 大正十一年度》。臺北：臺灣總督府鐵道部。

臺灣總督府鐵道部編（一九二四），《臺灣總督府鐵道部第二十五年報：大正十二年度》。臺北：臺灣總督府鐵道部。

臺灣總督府鐵道部編（一九三一），《臺灣總督府鐵道部第三十一年報：昭和五年》。臺北：臺灣總督府鐵道部。

臺灣總督府交通局總務課（一九三三），《自動車に關する調查》。臺北：臺灣總督府交通局總務課。

臺灣省公路局編（一九四八），《三年來之臺灣公路交通》。臺北：臺灣省公路局。

中正國際航空站編（二〇〇四），《中正國際機場九十二年度年鑑》。桃園：中正國際航空站。

中華徵信所編（一九七四），《臺灣區集團企業研究》。臺北：中華徵信所。

交通部運輸計劃委員會（一九七七），《臺北大區大眾運輸系統初步規劃報告》。臺北：交通部。

交通部統計處（一九八二），《民國六十九年統計要覽》。臺北：交通部。

交通部統計處（二〇一九），《一〇七年交通統計要覽》。臺北：交通部。

竹本伊一郎編（一九四三），《臺灣株式會社年鑑：昭和十八年版》。臺北：臺灣經濟研究會。

行政院國際經濟合作發展委員會臺北市區鐵路問題專案小組（一九六八），《臺北市區鐵路問題研究初步報告》。臺北：該小組。

行政院經合會（一九六五），《臺灣省民營汽車客貨運輸業及自用貨車馬達三輪車調查報告》，臺北：行政院經合會。

作者不詳（出版年不詳），《臺灣地區高速公路三重中壢段通車周年報告》。出版地不詳：出版者不詳。

莊乾道研究主持（一九八七），《大眾捷運系統工程之研究》。臺北：經濟部。

發展建築超級鐵路研究小組（一九七五），《發展建築超級鐵路專題研究》。臺北：臺灣省政府鐵路管理局。

鄭志達等（一九八八），《臺北市區鐵路地下化西隧道主體工程施工技術與管理研究》。臺北：經濟部。

鹽見喜太郎（一九三六），《臺灣銀行會社錄：昭和十二年版》。臺北：臺灣實業興業所。

（三）報紙與期刊

報紙

讀賣新聞

〈人車鐵道〉，《讀賣新聞》，一九七〇年十二月二十日，十二版。

〈台湾鉄道の会社創立委員会〉，《讀賣新聞》，一八九六年七月二十三日，二版。

臺灣日日新報（臺灣商報）

〈又電鐵の出願〉，《臺灣日日新報》，一九一〇年六月二日，二版。

〈中部運轉手銓衡〉，《臺灣日日新報》，一九二九年二月十五日，四版。

〈內田長官談 取引所と電鐵 電鐵問題〉，《臺灣日日新報》，一九一一年五月四日，五版。

〈日日雜信〉，《臺灣日日新報》，一九〇九年十二月六日，三版。

〈日月潭工事の豫備工事著々進む東埔武界間の索道工事電車軌道の延長工に完成〉，《臺灣日日新報》，一九三一年十一月八日，三版。

〈水力電氣談〉，《臺灣商報》，一八九九年十一月二十八日，三版。

〈台中と梧棲間に市営電車を敷設市の死活問題として近く眞劍に調査に着手〉，《臺灣日日新報》，一九三九年一月九日，五版。

〈台中州下運轉手試驗志望者激增〉，《臺灣日日新報》，一九二九年十月五日，四版。
〈台北の高架線は早く物にしたい台湾には地下鐵道は適せぬ辭めて歸る海野氏の談〉，《臺灣日日新報》，一九二八年三月二十五日，二版。
〈台北市の鐵道高架鐵道部愈よ本腰十一年度から著工？〉，《臺灣日日新報》，一九三五年三月七日，二版。
〈台北市內の高架線　財源關係から延期　一と先づ貨物驛を新設して　交通量の樣子を見る〉，《臺灣日日新報》，一九三五年九月二十一日，七版。
〈臺北電氣鐵道〉，《臺灣日日新報》，一九〇七年一月九日，二版。
〈臺北電氣鐵道〉，《臺灣日日新報》，一九〇七年三月十二日，二版。
〈臺北電氣鐵道會社〉，《臺灣日日新報》，一九〇七年二月十七日，四版。
〈台南市と交通問題臺灣軌道の將來〉，《臺灣日日新報》，一九二四年十一月二十四日，一版。
〈台南州下のバス事業近く合同實現せん〉，《臺灣日日新報》，一九四一年十月一日，四版。
〈台南電鐵計畫　假許可を申請す〉，《臺灣日日新報》，一九一五年六月四日，一版。
〈臺基間輕便鐵道〉，《臺灣日日新報》，一九〇三年五月九日，三版。
〈市況一般〉，《臺灣新報》，一八九六年八月二十四日，三版。
〈市街輕鐵案〉，《臺灣日日新報》，一九二一年三月二十四日，四版。
〈打北輕鐵開業式〉，《臺灣日日新報》，一九〇七年十月二十四日，二版。
〈打狗電車計畫〉，《臺灣日日新報》，一九一二年六月二十一日，二版。
〈全島一を誇る東洋自動車講習所所長は島津工學士〉，《臺灣日日新報》，一九二九年五月十三日，二版。
〈自動車運轉手試驗〉，《臺灣日日新報》一九三三年九月五日，四版。
〈汽車賃減價廣告〉，《臺灣日日新報》，一九一二年三月三日，五版。
〈島都自動車界を展望して（四）〉，《臺灣日日新報》，一九三一年三月十五日，六版。
〈挽車載資〉，《臺灣日日新報》，一九〇一年九月十九日，四版。
〈桃園電燈と電鐵〉，《臺灣日日新報》，一九一五年六月二十五日，二版。
〈記者　臺北と電車（上）〉，《臺灣日日新報》，一九一一年十二月十四日，一版。
〈記者　臺北と電車（下）〉，《臺灣日日新報》，一九一一年十二月十五日，一版。
〈高架の促進に全力を注ぎたい　鐵道踏切問題も持出さる　臺北市協議會（第二日）〉，《臺灣日日新報》，一九三五年一月二十七日，七版。
〈高雄市に　無軌道電車　內地資本家が來台畫策　相當の困難性豫想さる〉，《臺灣日日新報》，一九四三年五月二十三日，一版。

〈基隆街輕鐵は撤廢せよ〉，《臺灣日日新報》，一九二三年六月十四日，七版。
〈淡水電鐵請願〉，《臺灣日日新報》，一九一二年八月二十日，二版。
〈新刊紹介自動車運轉手試驗問題と解答〉，《臺灣日日新報》，一九二九年十月十日，三版。
〈運轉手の試驗臺北州で〉，《臺灣日日新報》，一九二八年七月十三日，二版。
〈運轉手合格數〉，《臺灣日日新報》，一九二四年九月二十二日，四版。
〈運轉手補缺試驗發表〉，《臺灣日日新報》，一九二八年二月五日，四版。
〈運轉手試驗合格發表〉，《臺灣日日新報》，一九三〇年三月二日，四版。
〈電車の施設も調查　百萬高雄都市計畫〉，《臺灣日日新報》，一九四一年三月二十一日，四版。
〈電車計畫成る（當局の成案）〉，《臺灣日日新報》，一九一一年七月十六日，二版。
〈電鐵出願內容〉，《臺灣日日新報》，一九一四年七月十一日，二版。
〈電鐵與共進會　某實業家述〉，《臺灣日日新報》，一九一五年七月二十九日，五版。
〈電鐵罷設〉，《臺灣日日新報》，一九〇八年十二月十二日，二版。
〈嘉義乘合自動車〉，《臺灣日日新報》，一九二四年七月二十二日，四版。
〈賑つた實業會總會　高架線促進や煤煙防止　台銀問題など飛出す〉，《臺灣日日新報》，一九三五年二月二十八日，十一版。
〈輕鐵准設〉，《臺灣日日新報》，一九一一年七月二十四日，三版。
〈輕鐵轢人〉，《臺灣日日新報》，一九〇八年六月二十六日，五版。
〈諸會社の此頃（二）臺北鐵道會社〉，《臺灣日日新報》，一八九九年二月二日，二版。

臺灣民報（臺灣新民報）

〈臺灣軌道會社　台車苦力　百十九名十九日より一齊罷業〉，《臺灣新民報》，一九二八年十一月二十日，五版。
〈市電問題　新市尹的試金石?宜合理決斷!勿拘泥情面!〉，《臺灣民報》，一九二九年五月十九日，四版。

聯合報系

〈大千世界　日本有夢幻快車　時速二五六公里〉，《聯合報》，一九六三年三月三十一日，四版。
〈公路局正計劃開闢　北屏四線快速公路　初步估計需要經費一百億元　將先興建三段次第連結全線〉，《聯合報》，一九六七年四月六日，七版。
〈日本研究　超高速電車　使用直線式誘導電動機　沒有回轉部分　不用車輪　田京大阪間五百五十公里距離半小時可抵達〉，《聯合報》，一九六七年八月十二日，七版。
〈北市設無軌電車　將開放民營　初步計劃月底擬定〉，《聯合報》，一九六〇年九月九日，二版。

〈北市議會通過議案 籌建地下鐵路 計劃增中正區 大會定今下午閉幕〉，《聯合報》，一九五六年三月十五日，三版。
〈北市鐵路高架計劃 專家建議暫緩實施 促政府全盤研討大眾捷運系統〉，《聯合報》，一九七八年七月二十二日，二版。
〈臺北車站區域怎樣更新 有理想藍圖 今由旅日工程師分三個部分說明〉，《聯合報》，一九七一年十一月十一日，六版。
〈市區鐵路高架值得商榷 附提一個代替性的建議【社論】〉，《聯合報》，一九六八年七月一日，二版。
〈合北市十項建設 將請省府列入經建計劃 市政府籌辦無軌電車〉，《聯合報》，一九六〇年九月七日，二版。
〈東京見聞記 六二、地下鐵道〉，《聯合報》，一九六九年五月二十九日，七版。
〈建立中運量捷運系統 新工處認為有此需要〉，《聯合報》，一九七八年七月二十二日，二版。
〈建設發展院轄北市 張祥傳議長提意見 包括環市道路及重闢淡水港等 主張擴展幅員增加北海岸四鄉〉，《聯合報》，一九六七年三月二十四日，二版。
〈國家建研會 建議臺北市 創辦地下電車 並盼嚴格取締機車噪音及排放黑煙〉，《聯合報》，一九七三年八月十五日，二版。
〈都市發展．交通立體 鐵路地下．大勢所趨〉，《聯合報》，一九七二年一月十三日，三版。
〈超級高速鐵路 可能性將研究〉，《聯合報》，一九八八年一月十八日，十六版。
〈超級鐵路籌劃中 研究報告已經完成 臺北到高雄僅需兩小時〉，《聯合報》，一九八一年七月十八日，二版。
〈解決新動物園交通問題 規劃電車運輸系統 中華顧問工程公司研提三方案 速度快捷無污染不會影響市容〉，《聯合報》，一九八〇年十月四日，七版。
〈審議都市綱要計劃 高市長提意見〉，《聯合報》，一九六八年十二月六日，四版。
〈興建南北快速公路 進入實際工作階段〉，《聯合報》，一九六八年十一月三日，二版。
〈興建超快鐵路 計畫早已擱置〉，《聯合報》，一九八四年六月二十六日，二版。
〈興築超級鐵路的可行性〉，《聯合報》，一九八〇年二月七日，二版。
〈議員促建立 陸空交通網〉，《聯合報》，一九六七年十月十九日，二版。
〈鐵路轉入地下工程 選定美一公司規劃 將需經費三千萬元〉，《聯合報》，一九七四年四月十一日，六版。
〈超高速鐵路 九〇年前完成 整體規劃臺灣運輸系統 計畫擬成將俟核定實施〉，《聯合晚報》，一九八九年九月三十日，一版。
〈山海線鋪雙軌鐵路 預估經費五十四億 超級鐵路計畫分年施工〉，《經濟日報》，一九七八年四月十四日，二版。

期刊

有田忠治郎（一九三二年十二月），〈新高山上より四海を展望して〉，《臺灣鐵道》第二四六期，頁一一—一二〇。
臺北廳，《臺北廳報》，一九一九年九月二十六日，第八六三號，頁三三八。

市來吉至（一九三八年一月），〈自動車交通事業法及其の施行法令に就いて〉，《臺灣自動車界》，第七卷第一期，頁五一—六一。

竹下生（一九三三年三月），〈運轉手試驗雜觀〉，《臺灣自動車界》，第二卷第三期，頁二六。

記者（一九三二年四月），〈臺北自動車講習所訪問記〉，《臺灣自動車界》，第一卷第二期，頁六二。

編輯室（一九三二年三月），〈女性の街頭進出〉，《臺灣自動車界》，第一卷第一期，頁五三。

編輯室（一九三二年四月），〈臺南州自動車運轉手試驗問題〉，《臺灣自動車界》，第一卷第二期，頁三二。

編輯室（一九三二年四月），〈運轉手免許の全島共通を望む〉，《臺灣自動車界》，第一卷第二期，頁三九。

編輯室（一九三二年六月），〈News〉，《臺灣自動車界》，第一卷第四期，頁五九。

編輯室（一九三三年五月），〈臺北州自動車運轉手試驗問題（昭和八年二月十六日施行）〉，《臺灣自動車界》，第二卷第五期，頁一八—一九。

編輯室（一九三三年五月），〈最近內地各府縣運轉手試驗問題〉，《臺灣自動車界》，第二卷第五期，頁一七—一八。

編輯室（一九三七年四月），〈臺南州自動車講習所結業紀念照〉，《臺南州自動車協會會報》，第一卷第二期，無頁碼。

（四）出版品及各類報告

木村俊作編（一九二五），《熊本縣案內》。熊本市：三大事業記念国産共進会熊本協賛会出版。

臺灣自動車運送事業組合（一九四三），《自動車交通事業法》。臺北：臺灣自動車運送事業組合。

臺灣新民報社編（一九四三），《臺灣人士鑑（昭和十七年版）》。臺北：臺灣新民報社。

臺灣總督府編（一九三六），《臺灣總督府及所屬官署職員錄》。臺北：臺灣時報發行所。

臺灣總督府鐵道部編（一九一九），《臺灣私設鐵道　軌道關係法規類纂》。臺北：該部。

臺灣總督府鐵道部編、江慶林譯（一九九〇），《臺灣鐵道史（上）：中譯本》。南投：臺灣省文獻會。

臺灣總督府官房文書課編（一九〇九），《臺灣寫真帖》。臺北：臺灣總督府官房文書課編。

伊藤重郎（一九三九），《臺灣製糖株式會社史》。東京：臺灣製糖株式會社東京出張所。

安部邦衛（一九二八），《地下鉄道の話》。東京：東京市役所。

羽生國彥（一九三七），《臺灣の交通を語る》。臺北：臺灣交通問題調查研究會。

作者不詳（出版年不詳），《八仙山案內》。出版地不詳：出版者不詳。

京城電氣株式会社庶務課（一九三五），《伸び行く京城電氣》。首爾：京城電氣株式会社。

東京日日新聞社（一九四〇），《世界交通文化發達史》。東京：該社。

東京地下鉄道株式会社編（一九三四），《東京地下鉄道史・乾》。東京：東京地下鉄道。
芝浦製作所編（一九三五），《芝浦電鉄型錄》。東京：芝浦製作所。
絹川健吉編（一九二三），《金瓜石鑛山寫真帖》。基隆：絹川寫真館。
電氣學會（一九五一），《今後の電車》。東京：株式會社電氣車研究會。
橋本白水編（一九一六），《臺灣旅行案內》。出版地不詳：出版單位不詳。
臨時臺灣舊慣調查會編（一九七九），《臨時臺灣舊慣調查會第一部調查經濟資料報告（上卷）》（復刻版）。臺北：文岡圖書。
鐵道省編（一九二一），《日本鐵道史・下編》。東京：鐵道省。
鷹取田一郎編（一九一六），《臺灣列紳傳》。臺北：臺灣總督府。

二、專書

（一）中文

中國時報編（一九九五），《臺灣：戰後五十年土地・人民・歲月》。臺北：時報文化。
庄司總一著、黃玉燕譯（一九九九），《陳夫人》。臺北：文英堂。
吳濁流（一九九四），《臺灣連翹》。臺北：前衛出版社。
松本曉美、謝森展編著（一九九〇），《臺灣懷舊》。臺北：創意力文化事業有限公司。
林玉茹（一九九六），《清代臺灣港口的空間結構》。臺北：知書房。
邱淵惠（一九九七），《臺灣牛》。臺北：遠流出版社。
張炎憲、李筱峰、戴寶村等主編（一九九六），《臺灣史論文精選》。臺北：玉山社。
張蕙（一九九一），《鐵路運輸學理論與實務》。臺北：臺灣商務印書館。
陳志華、李健信（二〇一二），《香港巴士九十年》。香港：中華書局。
陳俊（一九八七），《臺灣道路發展史》。臺北：交通部運輸研究所。
陳家豪（二〇一八），《近代臺灣人資本與企業經營——以交通業為探討中心（一八九五—一九五四）》。臺北：政大出版社。
陳運棟（二〇〇五），《臺灣的山海經驗》。臺北：遠流出版社。
蔡龍保（二〇〇四），《推動時代的巨輪——日治中期的臺灣國有鐵路（一九一〇—一九三六）》，臺北：臺灣古籍出版有限公司。
蔡龍保（二〇〇八），《殖民統治之基礎工程——日治時期臺灣道路事業之研究（一八九五—一九四五）》。臺北：國立臺灣師範大學歷史研究所。
黎列文（一九五八），《臺灣島之歷史與地誌》。臺北：臺灣銀行。

（二）外文

岡本憲之（一九九九），《全国軽便鉄道―失われたナロ－ゲ－ジ物語三〇〇選》。東京：JTB。
篠原宏（一九八七），《明治の郵便．鉄道馬車》。東京：株式會社雄松堂。
小池滋、和久田康雄等編（二〇一二），《都市交通の世界史》。東京：悠書館。
青木榮一監修、日本實業出版社編（二〇〇四），《東京地下鉄がわかる事典》。東京：日本實業出版社。
齊藤俊彥（二〇一四），《人力車の研究》。東京：三樹書房。
中西健一（二〇〇九），《日本私有鉄道史研究增補版》。京都：ミネルヴァ書房。
中川浩一（一九九八），《バスの文化史》。東京：筑摩書房。
和久田康雄（一九八七），《日本の私鉄》。東京：岩波新書。
齋藤俊彥（一九九七），《くるまちの社会史―人力車から自動車まで》。東京：中央公論社。
Barnett, Martin (1984). Tramlines: The Story of the Hong Kong Tramway System. South China Morning Post.
Davidson, James Wheeler (1992). The Island of Formosa, Pasr and Present. Taipei: Southern Materials Center.
Kirby, Maurice W (1993). The origins of railway enterprise: the Stockton and Darlington Railway, 1821-1863. London: Cambridge university.
Strand, David (1989) . Rickshaw Beijing : city people and politics in the 1920s. Berkeley: University of California Press.
Wolmar, Christian (2011). Blood, iron, and gold: how the railroads transformed the world. New York: Public Affairs.
Zanetti, Oscar & Alejandro Garcia (1988). Sugar and Railroads: A Cuban History, 1837-1959.Chapel Hill: University of North Carolina Press.

三、期刊（專書）論文

（一）中文

石婉舜（二〇一〇），〈殖民地版新派劇的創成——「臺灣正劇」的美學與政治〉，《戲劇學刊》，第十二期，頁三五—七一。
石婉舜（二〇一二），〈高松豐次郎與臺灣現代劇場的揭幕〉，《戲劇研究》，第十期，頁三五—六八。
周永暉、謝立德、王雅南（二〇一四），〈臺北市區鐵路地下化建設回顧——鐵路與城市的對話〉，收錄於《鐵路三十鴻跡——鐵路改建工程局三十週年工程實務論文集》。臺北：交通部鐵路改建工程局，頁二五—三九。

陳家豪（二〇〇八），〈日治時期新興職業的研究——以運轉手為探討中心〉，收入於薛化元等編，《跨域青年學者臺灣史研究論集》。臺北：稻鄉出版社，頁二四九—三一六。

陳家豪（二〇一三），〈日治時期在臺日資與民營鐵道業之改革〉，《臺灣學研究》，第十六期，頁一〇一—一五〇。

陳家豪（二〇一三），〈從軍用到民營：日治初期臺灣輕便鐵道的發展（一八九五—一九〇九）〉，《臺灣文獻》，第六十四卷第一期，頁七九—一〇六。

陳國棟（二〇〇五），〈臺灣歷史上的牛車從《康熙臺灣輿圖》談起〉，《臺灣博物季刊》第三十四卷第一期，頁二四—三五。

陳漢光（一九六〇），〈臺灣板輪牛車之今昔〉，《臺灣文獻》，第十一卷第四期，頁一四—三二。

潘洪鋼（二〇〇九），〈趣說清代的轎子〉，《國文天地》，第二八八期，頁三六—四二。

（二）外文

G Knapp, Ronald (1980). “Push Car Railways and Taiwan’ s Development.” In Ronald G. Knapp, ed. China's Island Frontier: Studies in the Historical Geography of Taiwan. Honolulu: University of Hawaii Press, pp. 204-218.

T. Atkinson Jenkins (1933). "Origin of the Word Sedan," Hispanic Review, Vol.1, No.3, pp.240-242.

Wheeler, James O. and Pannell, Clofton W (1973) “A Teaching Model of Network Diffusion: The Taiwan Example.” The Journal of Geography, Vol.72 No.5, pp.27-29.

四、學位論文

白順裕（二〇〇四），〈清代竹塹地區的交通〉。臺北：國立臺灣師範大學歷史學系碩士論文。

李方宸（二〇〇二），〈臺灣糖業鐵路經營之研究（一九四六—一九八二）〉。臺北：國立政治大學歷史研究所碩士論文。

沈方茹（二〇〇三），〈臺北市公共巴士之發展（一九一二—一九四五）〉。桃園：國立中央大學歷史研究所碩士論文。

鄭螢憶（二〇一〇），〈國家、信仰與地方社會：笨港媽祖信仰的發展與變化（一六九四—一九四五）〉。南投：國立暨南大學歷史學研究所碩士論文。

吳宗憲（二〇一七），〈戰後臺灣公路運輸政策與公營客運之變遷〉。桃園：國立中央大學歷史研究所碩士論文。

五、網站

中央研究院臺灣歷史文化地圖，網址：http://thcts.ascc.net/，二〇一七年二月十二日下載。

文化部國家文化資料庫，行政院新聞局老照片，國家文化資料庫系統識別號：0000633421，來源識別號：0005031829，網址：http://nrch.culture.tw/view.aspx?keyword=%E9%BA%A5%E5%85%8B%E9%98%BF%E7%91%9F&advanced=&s=633431&id=0005031829&proj=MOC_

IMD_001#，二〇一七年二月五日下載。

臺西汽車客運股份有限公司網站，網址：http://www.taisibus.com/content/blogcategory/3/56/，二〇一九年一月二十七日下載。

臺灣臺北地方檢察署網站，網址：http://www.tpc.moj.gov.tw/ct.asp?xItem=226275&CtNode=5288&mp=009，二〇一九年一月二十七日下載。

臺灣桃園國際機場網站，網址：http://www.taoyuan-airport.com/chinese/skytrain，二〇〇五年六月十八日下載。

臺灣製糖鐵道網站，網址：http://homepage3.nifty.com/762mm/taiwanseitou6.html，二〇一五年三月十四日下載。

臺灣鐵路管理局網站，網址：https://www.railway.gov.tw/Wanhua/CP.aspx?SN=13374，二〇一九年一月二十七日下載。

交通部臺灣區國道高速公路局網站，網址：http://www.freeway.gov.tw/，二〇〇五年八月三十一日下載。

交通部鐵路改建工程局網站，網址：http://www.rrb.gov.tw/04100.aspx?id=1&lan=ch，二〇一七年二月三日下載。

交通部觀光局，網址：https://www.taiwan.net.tw/m1.aspx?sNo=0001090&id=9666，二〇一九年一月二十七日下載。

西門子公司網站下載，網址：https://new.siemens.com/global/en/company/about/history/news/on-track.html，二〇一九年一月二十七日下載。

屏東汽車客運股份有限公司網站，網址：http://www.ptbus.com.tw/10/1001.htm，二〇一九年一月二十七日下載。

苗栗汽車客運股份有限公司網站，網址：https://www.mlbus.com.tw/about.php，二〇一九年一月二十七日下載。

英國倫敦交通博物館，網址：https://www.ltmuseum.co.uk/，二〇一七年二月十二日下載。

桃園汽車客運股份有限公司網站，網址：http://www.tybus.com.tw/default.aspx?page=company，二〇一九年一月二十七日下載。

高雄汽車客運股份有限公司網站，網址：http://www.kbus.com.tw/about.asp?id=2，二〇一九年一月二十七日下載。

國立臺灣博物館網站，網址：https://www.ntm.gov.tw/，二〇一九年一月二十七日下載。

國立臺灣圖書館，日治時期期刊全文資料庫，網址：http://stfj.ntl.edu.tw/cgi-bin/gs32/gsweb.cgi?o=dgraph&s=id=%22jpli2014-pm-ccl_733_35_4393%22.&searchmode=basic，二〇一七年二月十二日下載。

國家圖書館‧臺灣記憶‧網址：http://memory.ncl.edu.tw/tm_cgi/hypage.cgi?HYPAGE=image_home.hpg，二〇一七年二月十二日下載。

新竹汽車客運股份有限公司網站，網址：http://www.hcbus.com.tw/big5/about.asp，二〇一九年一月二十七日下載。

新竹物流股份有限公司，網址：https://www.hct.com.tw/Registrant/registrant_companyHistory.aspx，二〇一九年一月二十七日下載。

新營汽車客運股份有限公司網站，網址：http://www.singing168.com.tw/mainfunction1-1.asp，二〇一九年一月二十七日下載。

嘉義汽車客運股份有限公司網站，網址：http://www.cibus.com.tw/modules/tinyd0/index.php?id=1，二〇一九年一月二十七日下載。

彰化汽車客運股份有限公司網站，網址：http://www.changhuabus.com.tw/about.asp，二〇一九年一月二十七日下載。

熊本電氣鉄道株式会社網站，網址：https://www.kumamotodentetsu.co.jp/company/history/index1.html，二〇一九年一月二十七日下載。

中山橋（臺北市）詞條，維基百科，網址：https://zh.wikipedia.org/wiki/%E4%B8%AD%E5%B1%B1%E6%A9%8B_(%E5%8F%B0%E5%8C%97%E5%B8%82)，二〇一九年一月二十七日下載。

興南汽車客運股份有限公司網站，網址：http://www.snbus.com.tw/modules/SNBUS_LTQ/cmpinfo/aboutme.php，二〇一九年一月二十七日下載。

豐原汽車客運股份有限公司網站，網址：http://www.fybus.com.tw/bus.htm，二〇一九年一月二十七日下載。

國家圖書館出版品預行編目資料

從臺車到巴士：百年臺灣地方交通演進史 / 陳家豪作. -- 初版. -- 新北市：左岸文化出版：遠足文化發行, 2020.11
面； 公分. -- (紀臺灣)

ISBN 978-986-99444-4-1(平裝)

1.交通史 2.臺灣

557.1933 109014986

特別聲明：
有關本書中的言論內容，不代表本公司／出版集團的立場及意見，由作者自行承擔文責

本書獲國家文化藝術基金會 NCAF 國|藝|會 出版補助

左岸文化 讀者回函

紀臺灣

從臺車到巴士：百年臺灣地方交通演進史

作者．陳家豪｜責任編輯．龍傑娣｜校對．林文珮｜美術設計．林宜賢｜出版．左岸文化 第二編輯部｜社長．郭重興｜總編輯．龍傑娣｜發行人兼出版總監．曾大福｜發行．遠足文化事業股份有限公司｜電話．02-2218-1417｜傳真．02-8667-2166｜客服專線．0800-221-029｜E-Mail．service@bookrep.com.tw｜官方網站．http://www.bookrep.com.tw｜法律顧問．華洋國際專利商標事務所 蘇文生律師｜印刷．凱林彩印股份有限公司｜初版．2020年11月｜定價．450元｜ISBN．978-986-99444-4-1｜